传统蒙学基本丛书

普及类古籍整理图书专项资助项目

十七史蒙求

[宋] 王令 纂辑

岳麓書社·长沙

图书在版编目(CIP)数据

十七史蒙求/(宋)王令纂辑.—长沙:岳麓书社,2022.10

ISBN 978-7-5538-1065-2

Ⅰ.①十…　Ⅱ.①王…　Ⅲ.①古汉语—启蒙读物　Ⅳ.①H194.1

中国版本图书馆CIP数据核字(2019)第001797号

SHIQISHI MENGQIU

十七史蒙求

纂　　辑:[宋]王令

责任编辑:吴　茵

责任校对:舒　舍

封面设计:严　丽

岳麓书社出版发行

地址:湖南省长沙市爱民路47号

直销电话:0731-88804152　0731-88885616

邮编:410006

版次:2022年10月第1版

印次:2022年10月第1次印刷

开本:787mm×1092mm　1/32

印张:9.25

字数:176千字

印数:1—3000

ISBN 978-7-5538-1065-2

定价:20.00元

承印:廊坊市博林印务有限公司

如有印装质量问题,请与本社印务部联系

电话:0731-88884129

出版说明

蒙学之书，由来已久。李斯《仓颉篇》、史游《急就章》，出自当时最高级知识分子之手，又因为是初学启蒙用书，想必也拥有当时最多的读者。《汉书·艺文志》收有小学十家，所谓小学，也就是蒙学。

后来社会不断发展进步，贵族以外的平民，也有了读书的需要与可能，教法和教材与此相应，也出现了事实上的“双轨制”。士农工商四民之中，“学以居位曰士”，居位就是做官；要做官，非通经籍、应科举不可，儒家经籍便成了士大夫阶级的法定教科书。而农工商等小民的天职，无非“辟土殖谷”“作巧成器”“通财鬻货”，若想略识之无，粗通文字，不得不另求简便之路。《新五代史·刘岳传》记载：“《兔园册》者，乡校俚儒教田夫牧子之所诵也。”陆放翁《冬日郊居》诗第三首自注云：“农家十月，乃遣子弟入学，谓之冬学。所读《杂字》《百家姓》之类，谓之村书。”这类为田夫牧子所诵的村书，便是唐宋以降的蒙学书了。

蒙学书主要为古代幼儿启蒙教育所用，基本的目标是培养儿童认字和书写的能力，养成良好的日常生活习惯，能够具备基本的伦理道德规范，以及掌握一些基本的生活常识、文化常识，最主要的特点是易于上口，便于记忆。这些书品类繁多，且广为流布，对知识文化的普及与社会发展的贡献不容忽视。在教育发达的今天，也能给我们更加便捷地了解中国传统文化提供有益的帮助。

岳麓书社在 20 世纪 80 年代开始编辑出版《传统蒙学丛书》，得到学界的重视与读者的关注。鉴于当时的条件限制，部分品种系据旧版本影印，不便阅读，此次重版，精选其中十余种图书，统一整理校订，改竖排为横排，目的是既保留原书的原汁原味，又便于阅读记诵。不当之处，敬祈指正。

岳麓书社

2020 年 4 月

《十七史蒙求》小叙

继唐人李瀚的《蒙求》之后，陆续出现了很多以《蒙求》为名的书。宋人王令纂辑的《十七史蒙求》，不仅流行较广，时间也较长。

《十七史蒙求》的编法和《李氏蒙求》相同：正文都用四言，构成一个主谓结构的短句；每句揭示一则历史人物故事；只求上下两句成对，不拘故事发生的年代次序。所谓“十七史”，即从《史记》到《新五代史》，自《宋史》而下，作者均不及见，书中自然也就没有涉及。

中国的史书，自司马迁的《史记》起，都有一个特点，就是很注意写人，不仅多记历史人物的遗闻轶事，而且每每能发抉其性情隐微，从人物的心理、性格、命运和人际关系，来考察他们的事功和际遇。因此，一部好的史书，往往也是一部好的传记文学，《史记》就是一个最好的典范。《十七史蒙求》于十七史之外，又杂采《左传》、《国语》、谢承《后汉书》、《东观汉记》诸史，旁及《说苑》《新序》《韩诗外传》等书，虽然叙事节略，对话取短，但能以简练的文字写出人物的情态，从而表现出人物的性格特征，如卷第九“王劣安石”一则：

“晋谢安，字安石，为吏部尚书、中护军。简文帝崩，桓温入赴山陵，止新亭，大陈兵卫，将移晋室，呼安及王坦之，欲于坐害之。坦之甚惧，既见温，坦之流汗沾衣，倒执手版。安从容就席，坐定，谓温曰：‘安闻诸侯有道，守在四邻，明公何须壁后置人邪?’温笑曰：‘正自不能不尔耳。’遂笑语移日。”

这段话原出《晋书·谢安传》，王令剪裁恰当，寥寥数语，将谢、王二人在特定环境下的心理状态、个性气质，表现得非常鲜明突出，千载之下，如见其人，如闻其声，蒙童也就可以从人品优劣的比较中受到应有的教育。

本书虽名《十七史蒙求》，但因它杂采群书，所以有的人物故事并不一定符合历史事实。如卷第一“奚恤器贤”一则中，出现了昭奚恤、令尹子西、太宰子方、司马子反、叶公子高等人，其实昭奚恤是楚宣王时人，叶公子高、令尹子西是楚昭王、惠王时人，司马子反是楚共王时人，但他们在这则故事中，却同时出现在秦使者面前，原因即在于它的来源并非正史，而是传说故事。

本书原《序》云，书的主要内容，是将历史上的“圣君、贤相、忠臣、义士、文人、武夫、孝子、烈妇功业事实以类纂集，参为对偶，联以音韵”，作为教育蒙童的材料。这些材料，到今天仍有不少借鉴作用，即如卷第三“李藩涂诏”一则，写的是唐宪宗时的李藩，为了抵制河东节度使王锷通过“权近”，也就是走后门以求得兼宰相，不惜冒着杀头危险，改了皇帝的诏书，使王锷未能得逞。南朝刘宋时的吏部尚书江湛，“家贫不营财利，饷馈盈门，一无所受，无兼衣余食。尝为上所召，遇浣衣，称疾终日，衣成然后起”，因此他能“公平无私，不受请谒”。当然我们今天用不着提倡“无兼衣余食”，但不营私利，不受请谒，甘担风险，堵死后门，也正是今天改革者所需要具备的品质。

有些故事虽看来不是什么大题目，但亦颇具理趣。如“皎然旧制”一则，称僧皎然工律诗，尝谒韦应物，“恐诗体不合，乃于舟中作古体十数篇为贽，韦公不称赏，昼极失望。明日，写旧制献之，韦大叹嗟，因语昼（即皎然）云：‘几至失声名，何不但以所工见投，而猥希老夫之意？人各有所长，非卒能致。’”韦应物的意见就是要皎然着重自己的本色，发挥自己的所长，而不要迎合别人，“至失声名”。在我们这个有悠久历史文化的民族中，前人的经验和教训值得后人吸取者甚多，《十七史蒙求》注意采取这方面的材料，引以教育童蒙，看来不无可取。至于有的材料带有封建等级观念和封建迷信等落后的东西，那是时代使然，择而别之可也。

编　者

2019 年 10 月

目　录

十七史蒙求序

先生讳令，字逢原，少有英誉，大丞相王文公深器重之，旬月不见，即以诗思之，曰：“力排异端谁助我，忆见夫子真奇材。”概可知矣。先生富学该博，十七史书莫不通究。其间圣君、贤相、忠臣、义士、文人、武夫、孝子、烈妇功业事实以类纂集，参为对偶，联以音韵，分为十六卷目，曰《十七史蒙求》，以资记诵、讨论。惜乎早世，其书湮没不传。余昨自吴中寻访，得所遗文十卷，见已刊行。今复得此书，难以自秘，当与学者共之，用传不朽。时建中靖国改元。

祓禊日弟英州刺史献可序

卷第一

宋璟第一　李广无双

《唐书》：宋璟，邢州南和人。耿介有大节，好学，工文辞。举进士中第。迁凤阁舍人。居官鲠正，武后高其才。尝宴朝堂，二张列卿三品，璟阶六品，居下坐。易之谄璟，虚位揖曰：“公第一人，何下坐？”璟曰：“才劣品卑，卿谓第一何邪？”

《史记》：李广，陇西城纪人也。孝文帝十四年，匈奴大入萧关，而广以良家子从军击胡。用善骑射，杀虏多，为汉中郎。文帝曰：“惜乎，子不遇时！如令子当高帝时，万户侯岂足道哉！”孝景立，徙为上谷太守，匈奴日以合战。属国公孙昆邪为上泣曰：“李广才气，天下无双，自负其能，数与虏敌战，恐亡之。”乃拜广为右北平太守。匈奴闻之，号曰“汉之飞将军”，避之数岁，不敢入。

燕许手笔　李杜文章

《唐书》：苏瓌字昌容，雍州武功人。中宗时，拜右仆射，同三品，进封许国公。子颋字廷硕，弱冠敏悟，一览至千言，辄复诵。第进士。马载曰：“古称一日千里，苏生是已。”俄袭封许国公。自景龙后，与张说以文章显，称望略等，故时号“许燕大手笔”。张说字道济，或字说之，洛阳人。永昌中，武后策贤良方正，说所对第一，后擢乙等。雅与苏瓌善，玄宗时召为中书令，封燕国公。

李白字太白。白之生，母梦长庚星，因以命之。十岁通诗书，贺知章见其文，叹曰：“子谪仙人也！”言于玄宗，召见，论当世事，奏颂一篇。帝赐食，亲为调羹，有诏供奉翰林。杜甫字子美，襄州襄阳人。玄宗朝，甫奏赋三篇，帝奇之，使待制集贤院。放旷不自检，好论天下大事。少与李白齐名，时号“李杜”。赞曰：浑涵汪茫，千汇万状，兼古今而有之，他人不足，甫乃厌余，残膏剩馥，沾丐后人多矣。韩愈于文章慎许可，至歌诗，独推曰：“李杜文章在，光焰万丈长。”诚可信云。

通有一心　绾无他肠

唐屈突通，隋末时以死节拒唐兵。既力屈兵败，不降，遂被擒。高祖以为忠臣，释之。后从讨王世充。时通二子在洛，帝曰：“今以东略属公，如二子何?”通曰：“臣老矣，不足当重任。蒙陛下更生，是时口与心誓，以死许国。今日之行，正当先驱，二儿死自其分，终不以私害义。”帝叹息曰：“烈士徇节，吾今见之。”史赞曰：屈突通尽节于隋，而为唐忠臣，惟其一心，故事两君而无嫌也。

前汉卫绾，文帝时为中郎将，醇谨。至景帝时，郎官有谴，常蒙其罪，不与他将争；有功，常逊他将。上以为廉，忠实无他肠。言心肠之内，无他恶也。

乌鹊识李　草木知张

唐李客师，卫公李靖弟也。为右武卫将军，累战功封丹杨郡公。致仕，居昆明池南。善骑射，喜驰猎，虽老犹未衰。自京南属山，西际澧水，乌鹊皆识之，每出，从之翔噪，人谓之“乌贼”。卒，年九十。

唐张万福，时李正已反，屯兵埇桥，江淮漕船积千余不敢逾涡口。德宗乃以万福为濠州刺史，召谓曰：“先帝改尔名正者，所以褒也。朕谓江淮草木亦知尔威名，若从所改，恐贼不晓是卿也。”复赐旧名。万福因驰至涡口，驻马于岸，悉发漕船相衔进，贼兵倚岸熟视不敢动。仕至工部侍郎。年九十卒。

韩信开基　耿弇发迹

前汉韩信，闻汉王使郦食其已说下齐七十余城，齐罢备守御。信因袭齐历下军，遂至临淄。齐王田广走高密，信已定临淄，兵威愈震。

后汉耿弇，字伯昭。光武诏弇进讨张步，以平齐地。步闻之，使大将军费邑军历下，又分兵屯祝阿。自旦攻城，未中而拔之。乘胜平四十余营，遂定济南。步后又攻弇，复勒兵出。时光武在鲁闻之，自往救弇。陈俊谓弇曰：“剧虏兵盛，可且闭营休士，以待上来。”弇曰：“乘舆且到，臣子当击牛酾酒以待百官，反欲以贼虏遗君父邪?”乃出兵大战，复大破之。后数日，光武劳军，谓弇曰：“昔韩信破历下以开基，今将军攻祝阿以发迹，此皆齐之西界，功足相仿。而韩信袭击已降，将军独拔勍敌，其功乃难于信也。”弇因复追，步乃肉袒负斧锧降，齐地悉平。

味道模棱　琰之霹雳

唐苏味道，武后时为相，特具位，未尝有所发明，脂韦自营而已。常谓人曰：“决事不欲明白，误则有悔，模棱持两端可也。”故世号“模棱手”。

唐裴琰之，永徽中为同州司户参军，年甚少，不土曹务，刺史李崇义轻之。史白积案数百，崇义责使趣断，琰之乃命吏连纸进笔为省决，一日毕，既与夺当理，而笔词劲妙。由是名动一州，号“霹雳手”。

萧宏钱愚　李憕地癖

《南史》：梁武帝弟萧宏，性爱钱，百万一聚，黄榜标之，千万一库，悬一紫标，如此三十余间。武帝见之，屈指计见钱三亿余万，他物满库，不知多少。武帝子萧综，以晋时有《钱神论》，遂作《钱愚论》讥之。

唐李憕，并州人。颇殖产，伊州有膏腴，自都至关口，田畴弥望，时谓“地癖”。

君苗焚砚　钟繇阁笔

晋陆云与兄机书曰：“有君苗见兄文，欲焚笔砚。”

魏王粲才高，钟繇、王朗等阁笔不敢措手。

洪武讽帝　方庆悟君

唐杨洪武为司戎少常伯，迁西台侍郎。帝笑曰：“尔在戎司，授官多非其才，何邪?”洪武曰：“臣妻刚悍，此其所托，不敢违。”以讽帝用后言也。帝笑不罪。

唐王琳，字方庆。为相时，子为眉州司士参军。武后曰：“君在相位，何子之远?”对曰：

“庐陵王是陛下爱子，今尚远，臣之子庸敢相近?”时以比仓唐悟文侯事。虽造次不忘悟君于善。

好礼卧马　申屠轫轮

唐潘好礼，开元初，为邠王府长史。王为滑州刺史，好礼兼府司马、知州事。王每游观，好礼必谏谕禁切。农月，王出猎，好礼遮道，乃卧马下呼曰：“今农在田，王何得非时暴禾稼，以损下人? 要先践杀司马，然后听所为!”王惭，乃还。

后汉申屠刚，字巨卿。为尚书令。光武尝欲出游，刚以陇蜀未平，不宜宴安逸豫。谏不听，遂以头轫乘舆轮，帝遂止。轫，止轮木也。谓以头止车轮。

李密爱日　仁杰顾云

《华阳国志》：李密字令伯。在蜀奉使聘吴，吴主与群臣言，宁为人弟。密曰：“愿为人兄，为兄供养之日长也。”吴主曰：“善。”后归晋，武帝征为太子洗马。密以祖母刘氏年九十六，乞终养，恳辞，帝嘉之。

唐狄仁杰，字怀英。授并州法曹参军。亲在河阳，仁杰登泰山，反顾，见白云孤飞，谓左右曰：“吾亲舍其下。”瞻怅久之，云移，乃得去。

泰山北斗　凤鸟景星

唐韩愈，字退之。贞元、元和间，愈以六经之文为诸儒唱，障堤末流，反刓以朴，剗伪以真。其道盖自比孟轲，以荀况、扬雄为未淳，宁不信然？自愈没，其言盛行，学者仰之如泰山北斗。

唐李渤，字濬之。好学不仕，始隐庐山，更徙少室。元和初，诏以右拾遗召。于是河南少尹杜兼遣吏持诏、币即山敦促，渤上书谢之，不拜。洛阳令韩愈遗书曰：“有诏河南敦喻遗公，朝廷士引颈东望，若景星，凤鸟始见，争先睹之为快”云云。渤善其言，始就仕。

陈颙高门　王濬广路

晋陈颙，字延思。父䜣立宅起门，（颙）曰："当使容马车。"䜣笑从之。后州辟部从事，乘马车还家，宗党荣之。仕至梁州刺史。先是前汉丞相于定国，父于公高大其门，令容驷马高盖，云我治狱有阴德，子孙必有兴者。

晋王濬，字士治。恢廓有大志，尝起宅，开门前路广数十步。曰："吾欲使容长戟幡旗。"众咸笑之，后果以平吴功仕至大将军。

颛能友爱　登尢恚怒

晋周颛，字伯仁。性宽裕，友爱过人。弟嵩尝因酒瞋目谓颛曰："君才不及弟，何乃横得重名！"以所燃蜡烛投之。颛神色无忤，徐曰："阿奴火攻，固出下策耳。"王导甚重之，尝枕颛膝而指其腹曰："卿此中何所有？"曰："此中空洞无物，然足容卿辈数百人。"导亦不以为忤。

《晋·隐逸传》，孙登字公和。无家属，于郡北山为土窟居之。夏则编蒲为裳，冬则被发自覆。性无恚怒，人或投诸水中，欲观其怒，登既出，便大笑。

送穷愈文　逐贫雄赋

唐韩愈有《送穷文》，其略曰：闻子行有日矣，我有资送之恩，子有意于行乎？久若有言者曰："吾与子居四十余年，子在孩提，吾不子愚，子学子耕，求官与名，惟子是从，不变于初。""太学四年，朝齑暮盐，惟我保汝，人皆汝嫌。""于何听闻，云我当去。"主人曰：子之朋俦各有名字，有智穷、学穷、文穷、命穷、交穷，凡此五鬼，为吾五患。五鬼曰："虽遭斥逐，不忍于疏，谓予不信，请质《诗》《书》。"主人乃上手称谢，延之上座。

前汉扬雄有《逐贫赋》，其略曰：汝在六极，投弃荒遐，岂无他人，从吾何求？今汝去矣，勿复久留。贫曰：唯唯，主人见逐，多言益蚩，心有所怀，愿得尽辞。三省于身，谓予无諐。处君之所，福禄如山；忘我大德，思我小怨。堪寒能暑，少而习焉，寒暑不忒，等寿神仙；桀跖不顾，贪类不干；人皆重闭，子独露居；人皆怵惕，子独无虞。言辞既罄，降阶下堂，逝将去汝，适彼首阳。予乃避席，闻义则服，长与尔居，终无厌极。

谢文二刻　柳诗三步

《南史》：谢微，字玄度，善属文，位兼中书舍人。时魏中山元略还北，梁武帝饯于武德殿，赋诗三十韵，限三刻成。微二刻便就，文甚美，帝再览焉。又为临汝侯猷制《放生文》，亦见赏于世。

唐柳公权，字诚悬，为文宗翰林学士。从幸未央宫，帝驻辇曰："朕有一喜，边戍赐衣久不时，今仲春而衣已给。"公权为数十言称贺，帝曰："当贺我以诗。"宫人迫之，公权应声成文，婉切而丽。帝悦，曰："子建七步，尔乃三焉。"

安仁八徙　田秋九迁

晋潘岳，字安仁。仕宦不达，乃作《闲居赋》。以司马安四至九卿为巧宦，而己独拙。盖岳初举秀才为郎，晋武时，为河阳、怀令、尚书郎、廷尉平。惠帝时，为太傅杨骏主簿，骏诛，岳除名。俄复官，除长安令。迁博士，未召拜，亲疾免官。自二十至五十岁，八徙官，而一进阶，再免，一除名，一不拜职，迁者三而已，此拙者之效也。

前汉田千秋为高庙寝郎，会卫太子为江充所谮败，久之，千秋上急变讼太子冤，武帝大感寤，立拜千秋为大鸿胪。此一日超九级，数月遂为丞相，封富民侯。任昉代范云表云："虽千秋之一日九迁，荀爽之十旬远至。方之微臣，未为速达。"

威王宝臣　奚恤器贤

《史记》：魏惠王问齐威王曰："王亦有宝乎？寡人国虽小，尚有径寸珠照车前后十二乘者十枚。"威王曰："寡人之宝与王异。吾臣有檀子者，使守南城，则楚人不敢为寇；有昐子者，使守高唐，则赵人不敢东渔于河；有黔夫者，守徐州，于是燕人祭北门，赵人祭西门，从者七千余家；有种首者，使备盗贼，则道不拾遗。此宝将照千里，岂直十二乘哉！"魏王惭而去。

《新序》：秦欲伐楚，使人往观楚之宝器。

昭奚恤谓楚王曰："此欲观吾国之得失而图之，宝器在于贤臣。"乃为东面之坛一，为南面之坛四，为西面之坛一。秦使至，恤曰："君，客也，请就上位东面。"〔令尹〕子西南面，太宰子方次之，司马子反次之。恤自居西面之坛，曰："楚国宝器者，贤臣也。理百姓，实仓廪，子西在此；奉珪璋，使诸侯，解纷悁之难，交两国之欢，子方在此；守封疆，邻国不侵，子高在此；理师旅，正兵戎，子反在此；怀霸王之余义，猎理乱之遗风，昭奚恤在此。"秦使者瞿然，反报秦曰："楚多贤臣，未易谋也。"

杨文倾河　苏思涌泉

唐崔融（张说）评王勃等文章宏放，非常人所及，卢照邻、杨盈川可以企之。说曰："不然，盈川文如倾河，优于庐而不减王。"

唐苏廷硕为中书舍人。帝平内难，书诏填委，独廷硕在太极后阁，口所占授，功状百绪，轻重无所差。书吏白曰："丐公徐之，不然，手腕脱矣。"中书令李峤曰："舍人思若涌泉，吾所不及。"

吕望见日　乐广睹天

徐幹《中论》曰："文王遇姜公于渭阳执竿而钓。文王得之，若披云见日月，如开雾睹青天。"姜公，吕望也。

晋乐广，字彦辅。性冲约，有远识，尤善谈论，〔楷荐〕于贾充，遂辟太尉掾，转太子舍人。尚书令卫瓘与魏正始中诸名士谈论，见广而奇之，曰："自昔诸贤既没，常恐微言将绝，而今乃复闻斯言于君矣。"命诸子造焉，曰："此人之水镜，见之莹然，若披云雾而睹青天也。"

五柳先生　七松处士

《南史》：陶潜，字渊明，或云名元亮。少有高趣，宅边有五柳，故尝书《五柳先生传》云，盖以自说，时人谓之实录。

唐郑薰，字子溥。擢进士第，后以太子少师致仕。既老，号所居为隐岩，莳松于庭，号"七松处士"。

杞梓韦赵　兰菊裴李

唐韦氏之显者，其孝友词学，承庆、嗣立；邃音乐者，万石；达礼仪，则叔夏；史才博识，则述为最。弟逌、迪学业亦亚于述；逌与述对为学士，迪与述同为礼官，缙绅高之。时赵冬曦兄弟亦各有名，张说曰："韦、赵兄弟，人之杞梓。"

唐裴子余中明经，补鄠尉。时同舍李朝隐、程竹谌以文法称，而子余以儒显，或问优劣于长史陈崇业，答曰："兰菊异芬，胡有废者？"

叔敖丘荐　宣光雄举

《说苑》：楚令尹虞丘子荐孙叔敖于庄王，庄王以为令尹。少焉，虞丘子家干法，叔敖执而戮之。虞丘子喜，入见于王，曰："臣言孙叔敖，果可使持国政。奉国法而不党，施刑戮而不乱，可谓公平。"庄王曰："夫子之赐也。"

后汉左雄荐周举，字宣光，为尚书。举既称

职，议者咸称焉。及为司隶，又举故冯直为将帅，而直尝坐赃受罪，举以此劾奏雄。雄悦，曰：“吾尝事冯直之父，而又与直善，今宣光以此奏吾，乃是韩厥之举也。”由是天下服焉。按《国语》：韩厥，韩献子也。赵宣子举韩献子于灵公，以为司马。河曲之役，宣子使人以其乘车干行，献子执而戮之。宣子告诸大夫曰：“可贺我矣，吾举厥也而中，吾乃今知免于罪矣。”

疾足节度　伶人刺史

《五代史》：王进为人勇悍，走及奔马。后从周太祖，历汝、郑二州防御使，彰德军节度使。史臣曰：“如进者，徒以疾足善走而秉旄节，岂其名器之用，随世而轻重欤！”

《五代史》：唐庄宗好伶人，有嬖伶周匝为梁人所得。其后灭梁入汴，周匝谒于马前，庄宗得之，喜甚。匝因曰：“身陷仇人，而得不死以生者，教坊使陈俊、内园栽接使储德源之力也，愿乞二州以报此两人。”庄宗皆许以为刺史。郭崇韬谏，不听，因格其命。后逾年，竟以俊为景州刺史，德源为宪州刺史。

卷第二

石苞当相　卫青封侯

《晋书》：石苞，字仲容，渤海南皮人。县召为吏，给农司马。会谒者阳翟、郭玄信奉使，求人为御，司马以苞及邓艾给之。行十里，玄信谓二人曰："子后并当至卿相。"苞曰："御隶也，何卿相乎?"苞后仕至大司马，封乐陵郡公。

前汉卫青，字仲卿。其父郑季以县吏给事侯家。因与公主家僮卫媪通，生青。故青冒姓为卫氏。青为侯家人，少时归其父，父使牧羊。先母之子皆奴畜之，不以兄弟数。有一钳奴相青曰："贵人也，官至封侯。"青笑曰："人奴之生，得无笞罪足矣，安得封侯事乎。"后果伐匈奴，以功封长平侯。

误点作蝇　落笔画牛

《吴录》：曹不兴善画，孙权使画屏风，误

落笔点素，因就以作蝇。既进御，权以为生蝇，举手弹之。

晋王献之，字子敬。桓温尝使书扇，笔误落，因画作乌驳牸牛，甚妙。

一诺季布　片言仲申

前汉季布，楚人。汉文帝时为河东守，曹丘生谓布曰："楚人谚曰：'得黄金百斤，不如得季布一诺。'足下何以得此声于梁楚之间哉？"由是布名益闻。

《左传》：小邾大夫射以句绎之地来奔鲁，曰："使季路要我，吾无盟矣。"子路辞，季康子使冉有谓之曰："千乘之国不信其盟，而信子之言，子何辱焉？"谓子路信诚，故小邾射欲得与相要，誓而不须盟也。语曰："片言可以折狱者，其由也欤。"

衍口雌黄　裒皮阳秋

晋王衍，字夷甫。妙善玄言，唯谈《老》

《庄》为事。每捉玉柄麈尾，与手同色。义理有所不安，随即改更，世号“口中雌黄”。朝野翕然，谓之“一世龙门”矣。

晋褚裒，字季野，康献皇后父也。少简贵，与京兆杜乂俱名冠中兴。桓彝见而目之曰：“季野有皮里阳秋。”言外无臧否，内有褒贬也。谢安亦雅重之，常云：“裒虽不言，而四时之气亦备矣。”

荀家八龙　贾氏三虎

《魏志》：荀爽字慈明，颍川人。十二能通《春秋》《论语》。兄弟八人，颍川语曰：“荀氏八龙，慈明无双。”后位至司空。

后汉贾彪，字伟节，颍川人。志节慷慨，与同郡荀爽齐名。举孝廉，补新息长。兄弟三人，并有高名，而彪最优。故天下称曰：“贾氏三虎，伟节最怒。”

战胜朝廷　折冲樽俎

《战国策》：邹忌见齐威王，曰："臣不如徐公美，臣之妻私臣，臣之妾畏臣，臣之客欲有求于臣，皆以臣美于徐公。今齐亦然，王之蔽甚矣。"王曰："善。"乃下令群臣，吏民能面刺寡人之过者，受上赏；谏寡人者，受中赏；能谤议于市朝闻寡人之耳者，受下赏。令初下，群臣进谏，门庭若市。数月之后，时时而间进，期年之后，虽欲言，无可进者。燕、赵、韩、魏闻，皆朝于齐。此所谓战胜于朝庭。注云：与敌国战，胜于朝庭之内也。

《家语》：晋平公欲伐齐，使范昭观齐国之政。景公觞之，昭曰："请公弃酌。"公令侍者酌昭之樽以饮，晏子令彻樽而更之。昭不悦，起舞，顾太师曰："为我奏成之乐。"太师曰："旷不习也。"范昭归，谓平公曰："齐不可伐。吾欲慚其君，晏子知之；吾犯其礼，太师识之。"于是不伐齐。孔子闻之，曰："不出樽俎之间，折冲千里之外，晏子之谓也。"

汉卧发兵　郝餐击虏

后汉吴汉，字子颜。光武时，与耿弇、王常等击富平，获索二贼于平原。明年春，贼率五万余人夜攻汉营，军中惊乱，汉坚卧不动，有顷乃定。即夜发精兵出营突击，大破其众。因追讨余党，悉平之。

唐郝处俊累〔迁〕吏部侍郎。高丽叛，诏李勣为浿江道大总管，处俊副之。师入虏境，未定，贼遽至，举军危骇。处俊方据胡床，体胖，安餐干糒，密简精锐击之，虏却，众壮其谋。

致瓜苏琼　挂鱼兴祖

《北史》：苏琼字珍之。为南清河太守。郡人赵颍，官至乐陵太守，年余八十，致仕归。五月中，得新瓜一双，自来奉。颍恃年老，苦请，遂便为留。乃致于听（厅）事梁上。人闻受赵颍饷瓜，欲贡新果，至门，问知颍瓜犹在，相顾而去。

后汉羊续，字兴祖。为南阳太守。常敝衣薄食，车马羸败。府丞常献其生鱼，续受而挂于庭。丞后又进之，续乃出前所挂者以杜其意。续妻后与子祕俱往郡舍，续闭门不纳，妻自将祕行，其资藏唯有布衾、敝袛裯，盐、麦数斛而已，顾敕祕曰："吾自奉若此，何以资尔母乎？"使与母俱归。

裴楷如玉　卫玠若珠

晋裴楷，字叔则。武帝时为吏部侍郎。风神高迈，容仪俊爽，博涉群书，时人谓之"玉人"。又称"见裴叔则如近玉山，映照人也"。

晋卫玠，字叔宝。风神秀异。总角乘羊车入市，见者皆以为玉人，观之者倾都。骠骑将军王济，玠之舅也，俊爽有风姿，每见玠，辄叹曰："珠玉在侧，觉我形秽。"又曰："与玠同游，冏若明珠之在侧，朗然照人。"

明牛漏蹄　庾马的颅

《南史》：明山宾家困乏，货所乘牛。既售

受钱，乃谓买主曰：“此牛经患漏蹄，疗瘥已久，恐后脱发。”买主遽追取钱。处士阮孝绪闻之，叹曰：“此言足使还淳反朴，激薄停浇矣。”又按《北史》：孟信字修仁。去官，居贫无食，唯有一老牛，其兄之子卖之，拟供薪米。券契已讫，信适从外来知之，因告之曰：“此牛先来有病，小用便发，君不须也。”杖其兄子二十。买牛人嗟异良久。周文帝闻之，举为太子少师。

《晋书》：庾亮字元规，明穆皇后之兄也。亮所乘马有的颅，殷浩以为不利于主，劝亮卖之。亮曰：“曷有己之不安而移之于人！”浩惭而退。

徐刍一束　任水一盂

后汉徐稚，字孺子。不应辟命。郭林宗有母忧，稚往吊之，置生刍一束于庐前而去。众怪之，林宗曰：“此必南州高士徐孺子也，诗云‘生刍一束，其人如玉’。吾无德以堪之。”灵帝初，欲蒲轮聘稚，会卒。

后汉庞参，为汉阳太守。郡人任棠者，有奇节，隐居教授。参到，先候之。棠不与言，但以薤一大本，水一盂，置户屏前，自抱孙儿伏于户下。主簿白以为倨。参思之，曰：“水者，欲吾清也；拔大本薤者，欲吾击强宗也；抱儿当户，欲吾开门恤孤也。”于是叹息而还。参在职，果能抑强助弱，以惠政得民。

凌统虎子　陆云凤雏

《吴志》：凌统字公绩，孙权时为偏将军，病卒。二子烈、封各数岁，权内养于宫，爱待与诸子同，示宾客曰：“此吾虎子也。”及八九岁，教读书，十日一令乘马。

晋陆云，字士龙。六岁能属文，与兄机齐名。虽文章不及机，而持论过之。号曰“二陆”。幼时，吴尚书闵鸿奇之，曰：“此儿若非龙驹，当是凤雏。”后举云贤良，时年十六。吴平仕晋。

贾会一龙　韦氏三宿

唐贾会有高节，尝称疾不答辟命。里中号“一龙”。亲亡，负土成坟，庐其左，手莳松柏。时号“关中曾子”。

唐韦叔谐，为库部郎中，与弟吏部郎中叔谦、兄主爵郎中季武同省，时号“三列宿”。

宋均渡虎　法雄息兽

后汉宋均，字叔庠。为九江太守。郡多虎暴，数为民患，常募设陷阱而犹多伤害。均到，下记属县曰：“夫虎豹在山，鼋鼍在水，各有所托。且江淮之有猛兽，犹北土之有鸡豚也。今为民害，咎在残吏，而劳勤张捕，非忧恤之本也。可一去陷阱，除削课制。”其后传言虎相与东游渡江。

后汉法雄，字文强。为南郡太守。有云梦薮泽，永初中多虎狼之暴。前太守赏募张捕，反为所害者甚众。雄乃移书属县曰：“凡虎狼之在山林，犹人民之居城市。古者化民之世，猛兽不扰，皆由恩信宽泽，仁及飞走。太守虽不德，敢忘斯义。记致，其毁坏陷阱，不得妄捕山林。”其后虎害稍息，人以获安。

舄必思越　仪不忘旧

《史记》：越人庄舄仕楚，在病，楚王曰："舄，越之鄙人，今日入楚，富贵矣。必思于越。"使人往听之，果为越吟。

《左传》：楚人钟仪为晋所执，问其族，对曰："伶人也。"曰："能乐乎?"曰："先父之职官也，敢有二事。"公与之琴，操楚音。公语范文子，文子曰："楚囚，君子也，言称先职，不背本也；乐操土风，不忘旧也。"遂释之。

百纸参军　一钱太守

唐杜暹为婺州参军，秩满归，吏以纸万番赆之，暹为受百番，众叹曰："昔清吏受一大钱，何以异哉?"

后汉刘宠，字祖荣。为会稽太守，简除烦苛，禁察非法，郡中大化。召为将作大匠。山阴县有五六老叟，人赍百钱送宠，曰："自明府下车以来，狗不夜吠，民不见吏。今闻当见弃去，故自扶奉送。”宠曰：“吾政何能及公言邪？勤苦父老！”为人选一大钱〔受之〕，因号“一钱太守”。

梁感石英　阮致人参

《隋·循吏传》梁彦光字修芝。七岁时，父遇笃疾，医云：“饵五石〔可〕愈。”时求紫石英不得，忽于园中见一物，怪而持归，即紫石英也。亲戚异之，以为至孝所感。后仕隋为相州刺史，卒。

《南史》：阮孝绪字士宗。隐居不仕梁朝。母王氏有疾，合药须得生人参，旧传钟山所出。孝绪躬历幽险，累日不逢。忽逢一鹿前行，孝绪感而随后，至一所，遂灭，就视之，果获〔此草〕。母服遂愈，时皆言其孝感所致。《南史》：解叔谦母疾，空中语云：“得丁公藤为酒便瘥。”后来求访至宜都郡，见山中老公伐木，云：“此丁公藤，疗风尤验。”乃以四段与之，并示以渍酒法。后母病果瘥。

仁裕剖肠　知章破心

《五代史》：王仁裕字德辇，喜为诗。少尝梦剖其肠胃，以西江水涤之，顾见江中沙石皆为篆籀之文，由是文益进。乃集所作诗万余首为百卷，号《西江集》。仕至太子少保。

唐尹知章少虽学，未甚通解，忽梦人持巨凿破其心，内若剂焉，惊悟，志思开澈，遂遍明六经，诸生尝讲授者，更北面受大义。后擢定王府文学，迁太常博士。

陈重还绔　不疑偿金

后汉陈重，字景公。举孝廉，在郎舍。同舍郎有告归宁者，误持同舍郎绔以去。主疑重所取，重不自申说，市绔以偿之。后归宁者归，以绔还主，其事乃显。

前汉直不疑为郎，事文帝。其同舍有告归，误持同舍郎金去，金主意不疑，不疑谢有之，买金偿。后告归者来归金，而前郎之亡金者大惭，以此称为长者。

周阳憎爱　延年浅深

前汉周阳由，景帝时为郡守。武帝即位，由居二千石中，最为暴酷骄恣。所爱者，挠法活之；所憎者，曲法灭之。

前汉严延年为河南守。其治务在摧强扶弱。贫弱虽陷〔法〕，曲法文以出之；其豪杰侵小民者，以文内之。众人言当死者，一朝出之；言当生者，诡杀之。吏民莫能测其意深浅。

沧海遗珠　昆山片玉

唐狄仁杰调汴州参军，为吏诬诉黜陟，使阎立本召讯，异其才，谢曰："仲尼称观过知仁，君可谓沧海遗珠矣。"荐授并州法曹参军。曾与司马李孝廉不平，后孝廉愧服其谊，又相待如初，每曰："狄公之贤，北斗以南，一人而已。"

晋郤诜，字广基，博学多才。泰始中，以对策上第，累迁雍州刺史。后武帝问诜曰："卿自以为何如?”诜对曰:“〔臣〕举贤良对策为天下第一，犹桂林之一枝，昆山之片玉。”帝笑。侍中奏免诜官，帝曰:“吾与之戏耳，不足怪也。”

李广射石　方翼仆木

前汉李广为右北平太守。尝出猎，见草中石，以为虎而射之，中石没矢，视之，石也。他日射之，终不入矣。所居郡，闻有虎，常自射之。《北史》:李远出猎，见石于丛薄中，以为伏兔，射之，镞入寸余。周文闻而异之，赐书曰:“昔李将军广亲有此事，公今复尔，可谓世载其德矣。”

唐王方翼字仲翔。尝夜行，见人长丈余，引弓射仆之，乃朽木也。太宗闻，擢右千牛。

王志遣囚　曹摅开狱

《南史》:王志字次道。为东阳太守，郡狱有重囚十余，冬至日，悉遣还家，过节皆反，唯一人失期。志曰:“此自太守事，主者勿忧。”明旦果至，以妇孕。吏人并叹服之。后汉虞延为渔阳令，每节放囚归家，克期而至。《南史》：傅岐仕梁为始新令，亦冬节放囚，如期而反。隋王伽为齐州行参军，州使送流囚七十余人诣京师。伽悉脱其枷锁，克期而集，一无叛离。唐吕元膺为蕲州刺史，亦岁旦放囚，克期而至。

晋曹摅，字颜远。为临淄令，狱有死囚，岁夕，摅行狱，愍之，曰：“卿等不幸致此，非所如何？新岁人情所重，岂不欲暂见家邪？”众囚泣曰：“若得暂归，死无恨也。”摅悉开狱出之，克日令还。椽吏固争之，摅曰：“此虽小人，义不见负，自为诸君任之。”至日，相率而还，并无违者，一县叹服。号曰“圣君”。

萧何不治　孝恭粗足

前汉萧何为丞相，买田宅必居穷僻处，为家不治垣屋，曰：“后世贤，师吾俭；不贤，毋为势家所夺。”

唐宗室河间元王孝恭常谓人曰：“吾所居颇壮丽，非吾心也。当别营一区，令粗足充事而已。吾殁后，子也才，易以守；不才，不为他人所利。”

卷第三

江湖散人　烟波钓徒

《唐·隐逸传》：陆龟蒙字鲁望。居松江，不喜与流俗交。不乘马，升舟设蓬席，赍束书、茶灶、笔床、钓具往来。时谓“江湖散人”。后以高士召，不至。

《唐·隐逸传》：张志和字子同。以亲丧，不复仕，居江湖，自称烟波钓徒。每垂钓不设饵，志不在鱼也。尝撰《渔歌》，宪宗图真，求其歌，不能致。

孔不假盖　阮遂焚车

《家语》：孔子将出而天雨，门人曰：“商有盖，请假焉。”孔子曰：“商为人短于财。吾闻与人交者，推长而违短，故久；吾非不知商有盖，恐借而彰其过也。”

晋阮裕，字思旷。常以人不须广学，正应以

礼逊为先。在剡，曾有好车，借无不给。有人葬母，意欲借而不敢言。后裕闻之，叹曰："吾有车而使人不敢借，何以车为！"遂命焚之。后累征聘，皆不就。

立本画师　公绰侍书

唐阎立本善画，太宗与侍臣泛舟春苑池，见异鸟容与波上，悦之，诏坐者赋诗，而立本侔状。阁外传呼画师阎立本，是时立本已为主爵郎中，俯伏池左，研吮丹粉，望坐者羞怅流汗。归戒其子曰："吾少读书，文辞不减侪辈，今独以画见名，与厮役等，若曹慎毋习！"然性所好，虽被訾屈，亦不能罢也。后拜右相，无宰相器。时姜恪以战功擢左相，故时人有"左相宣威沙漠，右相驰誉丹青"之嘲。

唐柳公权善笔迹，穆宗拜为右拾遗、侍书学士。兄公绰尝寓书宰相李宗闵，言家弟本志儒学，先朝以侍书见用，颇类工祝，愿徙散秩。乃改右司郎中、弘文馆学士。

季常白眉　子文黄须

《蜀志》：马良字季常。兄弟五人，并有才名，乡里谚曰："马氏五常，白眉最良。"〔马良〕眉中有白毛，故称之。先主领荆州，辟为从事。

《魏志》：任城威王彰，字子文，太祖子也。代郡乌桓反，彰击，大破之，北方悉平。及见太祖，乃归功诸将。太祖喜，持彰须曰："黄须儿竟大奇也。"彰须黄，故从呼之。

伯周六翮　庞参一鹗

后汉循吏孟尝，字伯周。为合浦太守。后谢病归耕，桓帝〔时〕尚书杨乔荐之，曰："尝清行出俗，能干绝群。羽翮之美用，非徒腹背之毛也。"按《说苑》：舟人古乘谓赵简子曰："鸿鹄高飞远翔，所恃者六翮也。背上之毛，腹下之毳，加之满把，飞不能为之益高，不知君门下客千人者，六翮之用乎，将尽毛毳也。"

后汉庞参，字仲达。初为左校令、御史中丞。坐法输作。樊汇上书荐之曰：“鸷鸟累百，不如一鹗。臣伏见庞参，高才武略，有魏尚之风。前坐微法，输作经时。今羌戎为患，大军西屯，臣以为如参之人，宜在行伍，必有成效。”邓太后遂擢用之。又孔融荐祢衡表亦云一鹗。

臧祀爰居 霸奏鹖雀

《左传》：仲尼曰：“臧文仲祀爰居，不知也。”海鸟曰爰居，止于鲁东门外，文仲以为神，命国人祀之。

前汉黄霸为丞相时，京兆尹张敞舍鹖雀飞集丞相府，霸以为神雀，议欲以闻。敞奏霸云云，天子嘉纳敞言。霸甚惭。

韩休峭鲠 萧嵩宽博

唐萧嵩荐韩休为相，嵩以休柔易，故荐之。休临事或折正嵩，嵩不能平。嵩宽博多可，休峭鲠，时政得失，尽言之。明皇帝猎苑中，或大张乐，稍过差，必视左右曰：“韩休知否?”已而疏辄至。常引鉴，默不乐。左右曰：“自韩休入朝，陛下无一日欢，何不逐之?”帝曰：“吾虽瘠，天下肥矣。且萧嵩每启事，必顺旨，我退而思天下，不安寝；韩休敷陈治道，多讦直，我退而思天下，寝必安。吾用休，社稷计耳。”

庾衮父诫　陶侃亲约

晋庾衮，字叔褒。父尝诫以酒。父亡，每醉，辄自责曰：“余废先父之诫，其何以训人!”乃于父墓前自杖三十。后举秀才，清白易行，皆不降志，世遂号为“庾异行”。

晋陶侃，字士行。移镇武昌，每饮酒有定限，常欢有余而限已竭，佐史商浩等劝更少进，侃凄怀良久，曰：“年少曾有酒失，亡亲见约，故不敢逾。”

子过不食　弟争自挞

前汉石奋，景帝时号万石君。以上大夫禄归老于家。无文学，尤恭谨。子孙为小吏，来归谒，万石君必朝服见之，不名。子孙有过失，不消责，为便坐侧室，对案不食。然后诸子相责，肉袒谢罪。少子庆为内史，醉归，入外门不下车，万名君闻之，不食。庆肉袒谢，不许，举宗及兄建肉袒，然后诫谕之。

后汉缪肜，字豫公。少孤，兄弟四人皆同财业。及各娶妻，诸妇遂求分异，又数有斗争之言。肜乃掩户自挞，曰："缪肜，汝修身谨行，学圣人之法，将以整齐风俗，奈何不能正家乎？"弟及诸妇闻之，悉叩头谢罪，更为敦睦之行。安帝时，仕至中牟令，卒。

李藩涂诏　和鼎坏麻

唐李藩，字叔翰。宪宗时，同平章事，时河东节度使王锷赂权近求兼宰相。密诏中书门下曰："锷可兼宰相。"藩遽取笔灭"宰相"字，题其左曰："不可。"还奏之。宰相权德舆失色曰："有不可，应别为奏，可以笔涂诏邪？"藩曰："势迫矣，出今日便不可止。"既而事寝。

唐李甘，字和鼎。位侍御史。郑注侍讲禁中，求宰相，朝廷哗言将用之。甘曰："宰相代天治物，当先德望，后文艺。注何人，欲得宰相？白麻出，我必坏之。"既而麻出〔非是〕，乃以赵儋为鄜坊节度使，甘坐轻肆，贬焉。

罴孙不朽　畤子可夸

隋王长述，祖罴，魏太尉。长述幼有仪范，年八岁，周太祖见而异之，曰："王公有此孙，足为不朽。"长述早孤，少为祖罴所养，及罴薨，有丧礼，有诏褒异之。后征伐累有功，进位柱国。隋初，献平陈之计，上善其能。

唐王福畤，有子勔、勮、勃皆著才名，故杜易简称"三珠树"。其后助、劼又以文显。劼早卒。福畤少子劝亦有文，福畤常语韩思彦，韩戏曰："武子有马癖，君有誉儿癖，王家癖何多耶？"使助出其文，思彦曰："生子若是，可夸也。"

张能报国　霍不为家

唐张士贵，虢州人。隋末为盗，高祖招降之，拜光禄大夫。从征伐有功，久之，进虢州刺史。帝曰："顾令卿衣锦昼游耳。"进虢国公。后为龚州道行军总管，破反獠。太宗闻其冒矢石先登，劳之曰："尝闻以忠报国者不顾身，于公见之。"

前汉霍去病，武帝时以战功为骠骑将军。为人少言不泄，有气敢任。上常欲教之孙吴兵法，对曰："顾方略何如耳，不至学古兵法。"上为治第，令视之，对曰："匈奴未灭，无以家为也。"由此上益爱重之。

仲尼后桃　子约先黍

韩子曰：孔子侍坐于鲁哀公，设桃具黍。仲尼先饭黍，后啖桃，左右皆笑。公曰："黍者，非饭之也，以雪桃也。"曰："丘知之矣。黍，五谷之长也，祭先王以为上盛；果有六而桃为下，祭先王不得入于庙，丘闻君子以贱雪贵，不闻以贵雪贱。今以五谷之长，雪果瓜之下，是侵上忽下也。"

隋李士谦，字子约。初为魏参军。隋有天下，毕志不仕。李氏宗党豪盛，每至春秋二社，必高会，沉醉喧乱。尝集士谦所。盛馔盈前，而先为设黍，谓群从曰："孔子称黍为五谷之长，荀卿亦云食先设黍稷。古人所尚，容可违乎?"少长肃然，退相谓曰："既见君子，方觉吾徒之不德也。”

孙权优劣　太宗可否

《吴志》：孙权与陆逊论周瑜、鲁肃、吕蒙为将，曰：“公瑾雄烈，胆略兼人，遂破孟德，开拓荆州。昔要子敬来东，到达于孤，孤与宴语，便及大略帝王之业，此一快也。后孟德张言数十万众，水步俱下。独子敬劝孤急呼公瑾，付任以众，逆而击之，此二快也。后虽劝吾借玄德地，是其一短，不足以损其二长也。子明学问开益，筹略奇至，可次公瑾，但言议英发不及之耳。图取关羽，胜于子敬。子敬言羽不足忌，此内不能办，外为大言耳。”公瑾周瑜，子敬鲁肃，子明吕蒙也。史评曰：“孙权之论，优劣尤当。”

唐太宗谓长孙无忌曰：“朕评公等可否以相规。高士廉心术警悟，临难不易节，所乏者骨鲠耳。唐俭有辞，善和解人，酒杯流行，发言可喜，事朕二十年，未尝一言国家事。杨师道性谨审，自能无过，而懦不更事，缓急非可倚。岑文本敦厚，文章、论议，其所长也。谋常经远，自当不负于物。刘洎坚正，其言有益，不轻然诺于人，自能补阙。马周敏锐而正，评裁人物，直道而行，所任皆称朕意。褚遂良鲠亮，有学术，竭诚亲于朕，若飞鸟依人，自加怜爱。无忌应对机敏，善避嫌，求于古人，未有其比。总兵攻战，非所善也。”

负布辱该　赐钱愧武

《燕书》：宋该，字宣洪，为右长史。太祖会群僚，以该性贪，故赐布百余匹，令负而归。重不能胜，乃至僵顿，以愧辱之。

《前汉·文帝纪》云：“群臣如张武等，受赂遗金钱，觉，上乃发御府金钱赐之，以愧其心。专务以德化民。”

乳饮兄弟　经授母子

唐韩思彦，字英远。高宗时，待诏弘文馆，仗内供奉。巡察剑南，益州高赏兄弟相讼，累年不决。思彦敕厨宰饮以乳。二人寤，啮肩相泣曰：“吾乃夷獠，不识孝义。公将以兄弟共乳而生耶。”乃请辍讼。

唐韦景骏为贵乡令，有母子相讼者。景骏曰："令少不天，常自痛。尔幸，有亲，而忘孝耶。敬之不孚，令之罪也。"因呜咽流涕。付授《孝经》，使习大义。于是母子感悟，请自新，遂为孝子。

嗣宗远识　遥集知机

晋阮籍，字嗣宗。曹爽辅政，召为参军。籍因以疾辞，屏于田里。岁余而爽诛，时人服其远识。

又阮孚，字遥集，籍兄子之子也。时太后临朝，政出舅族。孚谓所亲曰："今江东虽累世，而年数实浅。主幼时艰，运终百六，庾亮年少，德信未孚，将兆乱矣。"会广州刺史刘颉卒，遂苦求出。乃除广州刺史，假节。未至镇，卒。寻而苏峻作逆，识者以为知机。

张辅著论　许劭品题

晋张辅，字世伟。仕至秦州刺史。尝著论以为管仲不若鲍叔，班固不及司马迁，魏武不及刘备，乐毅减于诸葛亮。词多不载。

后汉许劭，字子将，汝南人。好人伦，多所赏识。常以陈寔道广难周，陈蕃性峻少通。其多所裁量若此。又谓曹操曰：“君清平之奸贼，乱世之英雄。”与从兄靖共核论乡党人物，每月辄更其品题，故汝南俗有“月旦评”焉。

博不重味　湛无兼衣

前汉朱博，字子元。为人廉俭，不好酒色游宴。自微贱至富贵，食不重味。

《南史》：江湛，字微深。为宋吏部尚书。家贫不营财利，饷馈盈门，一无所受。无兼衣余食。尝为上所召，遇浣衣，称疾经日，衣成然后起。牛饿，御人求草，湛良久曰：“可与饮。”

乐羊啜子　秦巴放麑

《说苑》：乐羊为魏文侯将而攻中山。其子在中山，中山系其子示乐羊，乐羊攻愈急。中山烹其子而遗之羹，乐羊啜之，尽一杯。中山见其诚也，不忍与之战，果下之。文侯赏其功而疑其心。

孟孙猎，得麑，使秦西巴持〔归〕，其母随而呼之。秦西巴不忍，而与其母。孟孙大怒，逐之。一年，复召为太子傅，曰："夫子不忍麑，又且忍吾子乎！"故曰巧诈不如拙诚。

乐羊以有功而见疑，秦西巴以有罪而益信，由仁与不仁也。

李膺龙门　樊晔虎穴

后汉李膺，字元礼。桓帝时为司隶校尉。独持风裁，以声名自高。士有被其容接者，名为登龙门。

后汉樊晔，字仲华。光武时为天水太守。政严猛，人有犯其禁者，率不生出狱。凉州为之歌曰："宁见乳虎穴，不入冀府寺。嗟我樊府君，安可用再值！"冀，天水县。

祢衡一览　李华再阅

后汉祢衡，字正平。与黄祖长子射俱游，共读蔡邕所作碑文。射爱共辞，还，恨不缮写。衡曰：“吾虽一览，犹能识之，唯有中石缺二字为不明耳。”因书出之，射驰使写碑，还校，如衡所书。莫不叹服。

庸萧颖士与李华齐名，世号“萧李”。尝与陆据游洛龙门，读路傍碑，颖士即诵；华再阅；据三乃能尽。闻者谓三人才，此其分也。

敬宗从裴　成帝听薛

唐敬宗将幸东都，大臣切谏，不纳，帝恚曰：“朕意决矣！虽从官宫人自挟糗，无扰百姓。”趣有司料行宫，中外莫敢言。裴度从容奏：“国家建别都，本备巡幸。自艰难以来，宫阙、署屯、百司之区，荒圮弗治，假岁月完新，然后可行。仓卒无备，有司且得罪。”帝悦曰：“群臣谏朕不及此。如卿言，诚有未便，安用往邪？”因止行。

前汉成帝尝酬祭宗庙，出便门，欲御楼船。御史薛广德免冠顿首曰：“宜从桥行，陛下不听，臣请自刎，以血污车轮，陛下不得入庙矣。”帝不悦，光禄大夫张猛曰：“臣闻主圣臣直，乘船危，就桥安，圣主不乘危。御史大夫言可听。”帝曰：“晓人不当如是邪。”乃从桥。

季英定交　林宗奖拔

后汉吴祐，字季英。有知人之明。举孝廉，尝共小吏黄真结友，后真亦举孝廉，世称其清节。时公沙穆来游太学，无资粮，乃变服客佣，为祐赁舂，祐与语，大惊，遂共定交于杵臼之间。又戴宏，年十六，祐奇之，亦与为友，卒成儒宗。

后汉郭泰，字林宗。善人伦，奖拔士人，皆如所鉴。又识张孝仲刍牧之中，知范特祖邮置之役，召公子、许伟康并出屠酤，司马子威拔自卒伍，及同郡太原郭长信等，共六十人，并以成名。

卷第四

太宗吞蝗　沙穆祷螟

《唐·五行志》：贞观二年，京畿旱，蝗食稼。太宗在苑中，掇蝗祝之曰："汝若通灵，但当蚀我，无害百姓。"将吞之，侍臣惧帝致疾，谏之。帝曰："所冀移灾朕躬，何疾之避。"遂吞之。是岁蝗不为患。

后汉公沙穆，弘农令。县界有螟虫食稼，百姓惶惧。穆乃设坛谢曰："百姓有过，罪穆之由。请以身祷。"于是暴雨，不终日，既霁，而螟虫自消。百姓称曰"神明"。

元胄蔽户　樊哙入营

隋元胄初为大将军。周赵王招知隋高祖将迁周鼎，乃要高祖就第，引入寝室，左右不得从，唯杨弘与胄兄弟坐于户侧。及酒酣，赵王欲刺杀高祖。胄扣刀入卫，赵王问姓名，胄以实对。王曰："壮士。"赐之酒，曰："吾岂有不善之意邪？卿何猜警如是！”赵王伪吐，将入后阁，胄恐其为变，扶令上坐，如此者再三。称喉干，命胄就厨取饮，胄不动。又闻屋下有被甲声，乃扶高祖下床，趣而去。赵王将追之，胄以身蔽户，王不得出。赵王恨不时发，弹指出血。高祖受禅，封胄武陵郡公。

前汉沛公从百余骑见项羽，项羽既飨军士，中酒，亚父范增谋欲杀沛公。时樊哙居营外，闻事急，乃持盾入营，直撞入，立帐下。羽问为谁？张良曰：“沛公参乘樊哙也。”羽曰：“壮士。”赐之卮酒彘肩。食毕，因责项羽。遂与沛公同出。是日非樊哙奔入营，沛公几殆。后数日，沛公为汉王，封哙为临武侯。

庞公遗安　杨震遗清

后汉庞公释耕于垄上，妻子耘于前。荆州刺史刘表问：“先生苦于畎亩而不肯官禄，后世何以遗子孙乎？”庞公曰：“世人皆遗之以危，今独遗之以安，虽所遗不同，未为无所遗也。”表叹息而去。后携妻子登鹿门山，因采药不反。

后汉杨震，字伯起。为涿郡太守，性公廉，不受私谒。子孙常蔬食步行，或劝开产业，震不肯，曰："使后世称为清白〔吏〕子孙，以此遗之，不亦厚乎！"

韦纯举弟　景圭荐兄

唐韦贯之名纯，永贞时为监察御史，举其弟纁自代，及为右补阙，纁代为御史，议者不谓之私。

唐高元裕，字景圭。终吏部尚书。敏于为吏，岩岩有风采。自侍讲为中丞，文宗难其代，元裕表言兄少逸才可任，因以命之，世荣其迁。

文烈温柔　刘宽长者

《北史》：房文烈性温柔，未尝嗔怒。为吏部郎中时，经霖雨绝粮，遣婢籴米，因尔逃窜，三四日方还。文烈徐谓曰："举家无食，汝何处来？"竟无捶挞。又按《唐书》：阳城尝绝米，遣奴求米。奴以米易酒，醉卧于路，及醒，谢咎。城曰："寒而饮，何责焉。"

后汉刘宽，字文饶。灵帝时为太尉，尝坐

客，遣苍头市酒，迂久，大醉而还。客不堪之，骂曰：“畜产。”宽须臾遣人视奴，疑必自杀。顾左右曰：“此人也，骂畜产，辱孰甚焉！故吾惧其死也。”夫人欲试宽令恚，伺当朝会，装严已讫，使侍婢奉肉羹，翻污朝衣。婢遽收之，宽色不异，乃徐言曰：“羹烂汝手？”其性度如此。海内称为长者。

刘求凤毛　虞对鰕鲊

《南史》：谢灵运子凤，凤子超宗，有文辞。帝大嗟赏，谓谢庄曰：“超宗殊有凤毛，灵运复出。”时右卫将军刘道隆在御坐，出候超宗，求凤毛观之。超宗以其无识，又触其父名，徒跣还内。道隆谓检觅凤毛，至暗待不得，乃去。

晋虞啸父为侍中，孝武帝亲爱之，常侍饮宴。帝问：“卿在门下，初不闻有献替邪？”啸父家近海，谓帝有所求，对曰：“天时尚温，制鱼鰕鲊未可致，寻当上献。”帝大笑。

恺谏简牛　田赎弃马

晋庐恺，字长仁。初仕周为内史下大夫。武帝敕诸屯简老牛，欲以享士，恺谏曰：“昔田子方赎老马，君子以为美谈，老牛享士，有亏仁政。”帝美其言而止。

《史记》：田子方，魏文侯之师也。见君之老马弃之，曰：“少尽其力，老而弃之，非仁也。”于是收赎而养之。

惠连才悟　山简温雅

《南史》：谢惠连幼有奇才，不为父方明所知，族兄灵运遇惠连，大相知赏，与为刎颈交，谓方明曰：“阿连才悟如此，而尊作常儿遇之。”又云：“每有篇章，对惠连辄得佳语。”

晋山简，字季伦，司徒涛之少子也。性温雅，有父风，年二十余，涛不之知也。简叹曰：“吾年几三十，而不为家公所知！”后与嵇绍等齐名。仕至征南将军。

薛家三凤　许氏二龙

唐薛收与从兄子元敬及收族兄德音齐名，世称“河东三凤”。收为长雏，德音为鸑鷟，元敬年最少，为宛雏。

后汉许劭，字子将，汝南平舆人。少峻名节，好人伦，多所赏识。兄虔亦知名。汝南人称平舆渊有二龙焉。

郑綮作相　陆玩为公

唐郑綮以大顺后王政微，每以诗谣托讽。昭宗意其有所蕴未尽，遂召为礼部侍郎、同平章事。綮本善诗，其语多俳谐，故使落调，世共号“郑五歇后体”。至是，省史走其家上谒，綮笑曰：“诸君误矣，人皆不识字，宰相亦不及我。万一然，笑杀天下人！”既视事，宗戚诣庆，搔首曰：“歇后郑五作宰相，事可知矣。”才三月，以疾乞致仕。

晋陆玩拜司空，时王导、郗鉴、庾亮相继而

薨，朝野忧惧。以玩有德望，乃拜之。玩辞，不获免，乃叹曰：“以我为三公，是天下无人。”谈者以为知言。玩虽登台辅，谦让不辟掾属。成帝闻而劝之。玩不得已而从命，所辟皆寒素有行之士。

黄昌获妇　庞母得翁

后汉酷吏黄昌，字圣真，会稽人。迁蜀郡太守。初，昌为州书佐，其妇归宁于家，遇贼被获，遂转入蜀为人妻。其子犯事，乃诣昌自讼，昌疑母不类蜀人，因问所由。对曰：“妾本会稽余姚戴次公女，州书佐黄昌妻也。妾尝归家，为贼所掠，遂至于此。”昌惊呼前谓曰：“何以识黄昌邪？”对曰：“昌左足心有黑子，常自言当为二千石。”昌乃出足示之。因相持悲泣，还为夫妇。

《风俗通》：庞俭亡其父，随母流宕，后居庐里，凿井得铜，遂富。因行求奴，得老苍头于家，数日，自言堂上母是我妇。母闻乃问之，奴曰：“妇艾氏女子阿宏，左足下有黑子，右腋下有赤痣，如半栉大。”母曰：“我翁也！”遂为夫妇如初。时人谓曰：“庐里庞公，凿井得铜，买奴得翁。”

奋禽隗茂　灵拔季雍

后汉孔奋，字君鱼。光武时，除武都郡丞。时陇西余贼隗茂等夜攻府舍，残杀郡守。贼畏奋追急，乃执其妻子，欲以为质。奋年已五十。唯有一子，终不顾望，遂穷力讨之。贼乃推奋妻子置军前，冀当退却。而击之愈厉，遂擒灭茂等。奋妻子亦为所杀。帝下诏褒美，拜为武都太守。

《九州春秋》：朱灵，字文博，清河人。初，清河季雍以鄃叛袁绍，而降公孙瓒，瓒遣兵卫之。绍遣灵攻之。灵家在城中，瓒将灵母弟置城上，诱呼灵。灵望城泣曰："丈夫一出身与人，岂复顾家邪！"遂力战，拔之，生擒雍。而灵家皆死。后归魏太祖。至文帝时，封高唐侯，薨。

杜敌数百　魏贤十万

唐杜牧子颉，字胜之。举进士，礼部侍郎贾竦语人曰："得杜颉，足敌数百人。"亦善为文，与牧相上下。

唐冯盎本北燕人，以军功进高州总管。或告盎叛，太宗将发兵讨之。魏徵谏曰："盎不及未定时略州县，摇远夷，今四海已平，尚何事反？未服，当怀之以德，盎惧，必自来。"帝乃遣韦叔谐喻盎，遣子智戴入侍。帝曰："徵一言，贤于十万众。"乃罢兵。

张敷缄扇　范乔执砚

《南史》：张敷生而母亡，年数岁，问知之。虽童蒙便有感慕之色。至十岁许，求母遗物，而散施已尽，唯得一扇，乃缄录之。每至感思，辄开笥流涕，见从母，悲感哽咽。后迁黄门侍郎，卒。

晋范乔，字伯孙。年二岁时，祖馨临终，拊乔首，曰："恨不见汝成人。"因以所用砚与之。至五岁，祖母以告乔，乔便执砚涕泣。后凡一举孝廉，八荐公府，再举清白异行，又举寒素，一无所就。

说持牛角　虔拔虎箭

唐辛说终岭南节度使。少耕于野，有牛斗，众畏奔践，说直前，两持其角，牛不能动，久而引触，竟折其角，里人骇异，屠牛以饭说。

晋桓石虔有才干，趫捷绝伦。从父在荆州，于猎围中见猛兽被数箭而伏，诸督将素知其勇，戏令拔箭。石虔因急往，拔一箭，猛虎跳，石虔亦跳，高于猛兽；伏，复拔一箭以归。

爽御李膺　淑师黄宪

后汉李膺，字元礼。性简亢，无所交接，唯以同郡荀淑、陈寔为师友。后免官，教授常千人。南阳樊陵求为门徒。膺谢不受。荀爽常谒膺，因为其御，既还，喜曰："今日乃得御李君矣！"其见慕如此。爽，荀淑之子也。

后汉黄宪，字叔度。年十四，颍川荀淑遇于逆旅，揖与语，移日不能去。曰："子，吾之师表也。"又比为颜子，而同郡戴良、陈蕃、周举、郭林宗皆钦服之。初，举孝廉，又辟公府。暂到京师，而还，一无所就。

槐生秉政　乌集迁官

唐孙偓，字龙光。第进士，历显官。始，家第堂柱生槐枝，期月而茂，既而偓秉政，封县侯。

唐柳仲郢，字谕蒙，公绰子也。初为谏议大夫，每迁，必乌集升平第，庭木戟架皆满，五日乃散。后为天平节度使，乌不复集，遂卒于镇。

虞观越石　吴饮贪泉

《南史·循吏传》：虞愿，字士恭，为晋安太守。海边有越王石，常隐雾，相传云："清廉太守乃得见。"愿往就观，清澈无所隐蔽。

《晋·良吏传》：吴隐之，字处默。有清操，为广州刺史。州二十里地名石门，有水曰"贪泉"，饮者怀无厌之欲。隐之既至广，语其亲人曰："不见可欲，使心不乱。越岭丧清，吾知之矣。”乃酌泉饮之，赋诗曰：“古人云此水，一歃怀千金。试使夷齐饮，终当不易心。”及在州，清操愈厉，常食不过菜及干鱼而已，帷帐器服皆付外库，时人颇谓其矫，然亦终始不易。

洪不执玉　衍不言钱

晋崔洪，字良伯。仕至大司农。口不言货财，手不执珠玉。汝南王亮尝宴公卿，以琉璃钟行酒，酒及洪，洪不执。亮问其故。曰：“虑有执玉不趋之义故尔。”然实乖其常性，故为诡说。《南史》：王昙首，宋文帝时仕至太子詹事。亦手不执金玉，妇女亦不得以为饰。

晋王衍，字夷甫，风姿详雅。妻郭氏聚敛无厌，衍疾其贪鄙，故口未尝言钱。郭欲试之，令婢以钱绕床，使不得行。衍起见钱，谓婢曰：“举阿堵物却！”其措意如此。又晋崔游自少及长，口亦未尝语及财利。

孔明龙卧　王猛螭蟠

《蜀志》：诸葛亮，字孔明。躬耕陇亩，每

自比管仲、乐毅。时先主屯新野，徐庶谓先主曰：“诸葛亮孔明者，卧龙也。将军愿见之乎?”先主遂诣亮而任用之。《汉晋春秋》曰：亮家于南阳邓县。

《晋·载记》：王猛，字景略，隐于华阴山。苻坚遣人招之，一见便若平生，语及兴废大事。后坚僭位，以猛为丞相，坚曰：“卿昔螭蟠布衣，朕龙潜弱冠，朕奇卿于暂见，卿亦异朕于一言。虽傅岩入梦，姜公悟兆，今古一时，亦不殊也。”

言富称朱　治生祖白

《史记》：范蠡乘扁舟浮江湖，变姓名，云陶朱公。善治产。十九年之间三致千金，再散分于贫友昆弟。后年老听子孙修业而生息，遂至巨万。故言富者称陶朱公。

《前汉书·货殖传》曰：白圭，周人也。当魏文侯时，李克务尽地力，而白圭乐观时变。故人弃我取，人取我予，能薄饮食，忍嗜欲，节衣服，与用事僮仆同苦乐，尝曰：“吾治生犹伊尹、吕尚之谋，孙吴用兵，商鞅行法是也。”盖天下言治生者祖白圭。

均绝山公　豹禁河伯

后汉宋均，光武时为九江太守。浚遒县有唐、后二山，民共祠之，众巫遂取百姓男女以为山公、山妪，岁岁改易，既而不敢嫁娶，前后守令莫敢禁。均乃下书曰：“自今后，为山公娶者，皆娶巫家，勿扰良民。”于是遂绝。

《史记》：西门豹为邺县令。问民何所疾苦。皆曰：“苦为河伯娶妇。”豹云至娶时，吾亦当送女。及至时，豹往视之，曰：“女丑如是，烦大巫妪以报河伯，待别求好者。”于是投大巫水中。有顷，问巫妪何久，更令弟子趣之！凡投三弟子。又曰：“巫妪女子不能白事，烦三老白之。”又投三老于河中。久之，又曰：“巫妪、三老不来，更烦豪长者一人趣之。”皆叩头流血，惶怖失色。豹令曰：“众散，河伯留客之故。”自后更不敢言河伯娶妇者。

文举葛巾　灵运木屐

晋郭文，字文举。少爱山水，尚嘉遁。年十

三，每游山林，弥旬忘反。洛阳陷，乃步担入吴兴余杭大辟山中穷谷无人之地，倚木苫覆其上而居焉，亦无壁障。常着鹿裘葛巾，区种菽麦，采竹叶木实，贸盐以自供。

《南史》：谢灵运寻山陟岭，必造幽峻，岩嶂数十里，莫不备尽。登蹑常着木屐，上山则去前齿，下山去其后齿。尝自始宁南山伐木开径，直至临海，从者数百。临海太守王秀惊骇，谓山贼，知灵运，乃安。其后以叛徙广州，寻弃市。

表郘门闾　赐张缣帛

《南史》：武陵郘荣兴、文献叔并八世同居。建元年中诏俱表门闾，蠲租役。

唐张公艺九世同居，高宗封泰山，临幸其居，问本末，书“忍”字以对，天子流涕，赐缣帛。

卷第五

郭伋时雨　季晟雷霆

后汉光武时，颍川盗贼群起，召拜郭伋为颍川太守。帝劳之曰：“贤能太守，去帝城不远，河润九里，冀京师并蒙福也。”伋到郡，山贼悉降。《文选》沈休文作碑云“颍川时雨”，谓郭伋也。

隋长孙晟，字季晟，无忌父也。高祖时为秦川行军总管，取晋王广节度出讨。达头与王相抗，晟建策破之。王大喜，引晟入内，同宴极欢。有突厥达官来降，时亦预坐，说言突厥之内，大畏长孙总管，闻其弓声，谓为霹雳；见其走马，称为闪电。王笑曰：“将军震怒，威行域外，遂与雷霆为比，一何壮哉！”卒。后突厥围雁门，炀帝叹曰：“向使长孙晟在，不令匈奴至此！”

自楚谏母　求笞代兄

唐陆景融，即象先后母弟也。象先被笞，谏，不入，则自楚，母为损威，人多其友。

唐韦嗣立，字延构。与承庆异母。少友悌，母遇承庆严，每笞，辄解衣求代，母不听，即遣奴自捶，母感寤，为均爱。世比晋王览。

宋狱蓬满　刘囹草生

《北史》：宋世良，字元友。为清河太守，凡善政术，盗奔他境。齐天保初，大赦，郡无囚，率群吏拜诏而已。狱内穞生，桃木、蓬蒿亦满。每日衙门虚寂，无复诉讼者，谓之神门。及代者至，有老人泣而前曰："老人年九十，记三十五府政。府君非唯善政，清亦澈底。今失贤者，人何以济？"莫不攀辕涕泣。

隋刘旷，开皇初为平乡令。人有争讼者，辄丁宁晓以义理，不加绳劾。百姓感其德化，更相笃励。在职七年，风教大洽。狱中无系囚，囹圄生草，庭可张罗。后擢莒州刺史。

子文逃富　韩康避名

《国语》：楚斗子文，三登令尹，无一日之积。成王闻子文朝不及夕，于是每朝设脯七束、糗一箱，以羞子文。成王每出子文之禄，必逃。王止而后复，人问曰："人生求富，子逃之，何也？"曰："从政者以庇人也，人多旷者，而我取富焉，是勤人以自封也，死无日矣。我逃死非逃富也。"

后汉韩康，字伯休。常采药名山，卖于长安市，口不二价，三十余年。时有女子买药，康守价不移。女子怒曰："公是韩伯休耶？乃不二价乎？"康叹曰："我本欲避名，今小女子皆知有我，焉用药为？"乃遁入霸陵山中。公车连召不至。

周交醇醪　顾政旨酒

《吴志》：周瑜，字公瑾。《江表传》曰：吴将程普颇以年长数陵侮瑜，瑜折节容下，终不与校，普后自钦服而亲重之，乃告人曰："与周公瑾交，若饮醇醪，不觉自醉。"

《南史》：顾宪之，字士思。宋元徽中为建康令。有争牛者，前后令莫能决，宪之令解牛任其所去，牛径还本宅，盗者伏罪。时号神明。又清俭，强力为政，甚得人和，故都下饮酒者醇旨号为"顾建康"，谓其清且美焉。

义府人猫　羊祉天狗

唐李义府仕高宗时，貌柔恭，与人言，嬉怡微笑，而阴贼褊忌，凡忤意者，皆中伤之，时号义府"笑中刀"。又以柔而害物，号曰"人猫"。

《北史》：羊祉仕魏宣武时，天性酷忍，不惮强御，朝廷以为刚断，时有检覆，每令出使。然好慕刑名，颇为深文，所经之处，人号天狗下。及出将临州，并无恩润，兵人患其严虐。

宁交莫逆　魏朋耐久

唐杨宁有高操，谈辩可喜。擢第，调临涣主

簿，弃官还夏，见阳城，为莫逆交。德宗以谏议大夫召城，城未拜，诏宁即谕，与俱来。

唐魏元同，字和初。与裴炎缔交，能保终始，故号“耐久朋”。

兔军犬城　窦窜牛口

《魏志》：张杨素与吕布善。太祖围布，杨欲救之。其将杨丑杀杨以应太祖。杨将眭固杀丑，将其众，欲北合袁绍。太祖遣史涣邀击，破之于犬城，斩固，尽收其众。《典略》曰：固字白兔，既杀杨丑，军屯射犬。时有巫曰：“将军字兔而此邑名犬，兔见犬，必惊，宜急移去。”不从，遂战死。

《唐书》：窦建德隋末起兵河朔，自号夏王。及军败，建德被重创，窜牛口谷，遂获之。传而西，斩长安市。初，军中谣曰：“豆入牛口，势不得久。”至是果败。

魏帝射鹿　邓芝中猿

《魏末传》曰：明帝尝从文帝猎，见子母鹿。文帝射杀鹿母，使帝射鹿子。帝曰：“陛下已杀其母，臣不忍复杀其子。”因涕泣，文帝深奇之，而策立之意定。

蜀将军邓芝，字伯苗。征涪陵，见猿抱子在木上，引弩射中猿母，其子为拔箭，以木叶塞创。芝叹息，投弩水中，自以伤物性，知当死。后果卒。

炫举五事　刘应百端

《隋·儒林传》：刘炫，字光伯。强记默识，莫与为俦。左画方，右画圆，口诵，目数，耳听，五事同举，无所遗失。然性躁竞，多自矜伐，由是宦途不遂，后穷乏，冻饿而死。

《南史》：刘穆之，字道和。宋武帝时为左仆射，内总朝政，外供军旅，决断如流，事无壅滞。宾客辐凑，求诉百端，内外谘禀，盈阶满室，目览词讼，手答笺书，耳行听受，口并酬应，不相参涉，皆悉赡举。

段不纳诏　郅固拒关

唐段志玄，临淄人。文德皇后之葬，与宇文士及勒兵卫章武门，太宗夜遣使至二将军所，士及披户内使，志玄拒曰：“军门不夜开。”使者示手诏，志玄曰：“夜不能辨。”不纳。比晓，帝叹曰：“真将军也，周亚夫何以加！”

后汉郅恽，字君章。光武时举孝廉，为上东城门候。帝尝出猎，车驾夜还，恽拒关不开。帝令从者见面于门间。恽曰：“火明辽远。”遂不受诏。帝乃回从东门入。明日，恽上书谏曰：“昔文王不敢盘于游田，以万人惟忧。而陛下远猎山林，夜以继昼，其如社稷宗庙何？暴虎冯河，未至之戒，诚小臣所窃忧也。”书奏，赐布百匹，贬东中门候为参封尉。

玄龄留杜　萧何追韩

唐高祖平京师，秦王引杜如晦为府兵曹参

军，徙陕州总管府长史。时府属多外之，王患之。房玄龄曰：“去者虽多，不足吝，如晦王佐才也。大王若终守藩，无所事如晦；必欲经营四方，舍如晦无共功者。”王惊曰：“非公言，我几失之。”因表留幕府。

前汉萧何，闻韩信亡，不及闻汉王而自追之。居一二日，何来谒汉王，王且怒且喜曰：“若亡，何也?”何曰：“臣非敢亡，追亡者尔，所追者，韩信也。”因曰：“诸将易得，至如信，国士无双。王必欲长王汉中，无所事信；必欲争天下，非信无可与计事者。”汉王遂拜信为大将军。

晋景膏肓　秦孝灵府

《左传》：晋景公疾病，秦伯使医缓治之。未至，景公梦疾为二竖子，曰：“彼良医也，惧伤我，焉逃之?”其一曰：“居肓之上，膏之下，其奈我何?”医至，曰：“疾不可为也，在肓之上，膏之下，攻之不可，针之不及，药不至焉。”公曰：“良医也。”厚为之礼，归之，遂卒。

隋秦孝王俊有疾，高祖召许智藏医之。俊夜

中梦亡妃崔氏泣曰："本来相迎，如闻许智藏将至，其人必相告，奈何？"明夜又梦曰："妾得计矣，当入灵府中以避之。"及智藏至，诊脉曰："疾已入心，即当发痫，不可救也。"俊后数日薨。

卢门不箔　崔室无庑

唐卢怀慎，开元中仕至吏部尚书。清俭不营产，服器无金玉文绮之饰，虽贵而妻子犹寒饥，既属疾，宋璟、卢从愿候之，见敝箦单藉，门不施箔。会风雨至，举席自障。日晏设食，蒸豆两器、菜数杯而已。

唐崔郾，字广略。仕至礼部尚书。不藏资，有辄周给亲旧，为治其昏丧。室处痺陋，无步庑，至霖淖，则客盖而屐以就外位。

胜妾笑躄　齐母观偻

《史记》：平原君赵胜家楼临民家。民有躄者，槃跚行汲。平原君美人楼上见，大笑之。明日，躄者至平原君门，请曰："臣闻君贵士而贱妾也，臣愿得笑臣者头。”平原君笑而不杀美人。岁余，宾客稍引去。怪问之，一人曰：“君爱色贱士。”于是平原斩笑躄者美人头，自造门谢之，其后宾客复来。

《史记》：晋使郤克于齐，郤克偻，齐顷公母从楼上观而笑之。郤克怒，归，至河上，曰：“不报齐者，河伯视之！”后与鲁、卫共伐齐。与顷公战于鞌，伤困顷公。献宝器以求平，不听。郤克曰：“必得笑克者。”齐使曰：“顷公母犹晋君母，奈何必得之？”晋乃许之。

卢诿师德　忠寄伟父

唐娄师德，字宗仁。擢第，调江都尉。扬州长史卢承安异之，曰：“子，台辅器也，当以子孙相诿，巨论僚吏哉？”

唐任瓌，字玮。父七宝，陈将忠之弟。瓌早孤，忠抚爱甚，每曰：“吾子虽多，庸保尔，所以寄门户者，瓌也。”

宋就交欢　羊祜通和

贾谊《新书》：梁大夫宋就为边县令。与楚边亭皆种瓜。梁亭劬数灌，其瓜美。楚人窳而稀操，其瓜恶。楚人以梁瓜美，因夜切搔梁瓜，梁欲报搔楚瓜。就曰："是称怨之道。"乃夜往窃为楚灌瓜。楚王乃谢以重币。梁楚交欢，因宋就也。

晋羊祜，字叔子。武帝欲灭吴，祜为都督荆州诸军事。祜率营兵出镇南夏，与吴人开布大信，降者欲去皆听之。尝出军行吴境，刈谷为粮，皆计所侵，送绢偿之。游猎常止晋地。若禽兽先为吴人所伤而为晋兵所得者，皆封还之。于是吴人翕然悦服，称为羊公，不之名也。与吴将陆抗相对，使命交通。抗尝病，祜馈之药，抗服之无疑心。曰："羊祜岂鸩人者！"孙皓闻二境交和，以诘抗。抗曰："一邑一乡，不可以无信义，况大国乎！臣不如此，正是彰其德，于祜无伤也。"

俭恐名盛　机患才多

《南史》：王俭，字仲宝，为叔父僧虔所养。幼笃学，手不释卷。僧虔曰："我不患此儿无名，正恐名大盛耳。"乃手书崔子《座右铭》以贻之。

晋陆机，字士衡。天才秀逸，辞藻宏丽。张华尝谓之曰："人之为文，常恨才少，而子更患其多。"葛洪著书亦称："机文犹玄圃之积玉，无非夜光焉。"

书壁酬酒　写经市鹅

晋卫恒善草隶书。恒谓灵帝好书，时多能者，而师宜官为最，大则一字径丈，小则方寸千言，甚矜其能。或时不持钱诣酒家饮，因书其壁，顾观者以酬酒，计钱足而灭之。每书辄削而焚其柎。梁鹄乃益为版而饮之酒，候其醉而窃其柎。鹄卒以书至迁礼部尚书。

晋王羲之，字逸少。尤善隶书，为古今之

冠。性爱鹅，时山阴有一道士，好养鹅。羲之往观焉，意甚悦，固求市之。道士云："为写《道德经》，举群相赠耳。"羲之欣然写毕，笼鹅而归，甚以为乐。其任率如此。

公权笔谏　桓伊筝歌

唐柳公权善书。帝问公权用笔法，对曰："心正则笔正，笔正乃可法矣。"时帝荒纵，故公权及之。帝改容，悟其以笔谏矣。

《晋书》：桓伊，时谢安女婿王国宝专利无检行，安恶其为人，每抑制之。及孝武末年，嗜酒好内，而会稽王道子昏蕾犹甚，惟狎昵谄邪，于是国宝之计稍行于主相之间。而好利险诐之徒，以安功名盛极，而构会之，嫌隙遂成。帝召伊饮宴，安侍坐。帝命伊吹笛。伊吹一弄，乃放笛请以筝歌《怨诗》曰："为君既不易，为臣良独难。忠信事不显，乃有见疑患。周旦佐文武，《金縢》功不刊。推心辅王政，二叔反流言。"声节慷慨。安泣下沾襟，乃越席而就之，捋其须曰："使君于此不凡！"帝甚愧。

昭云夹日　景星退舍

《左传》：楚昭王时，有云如众赤鸟夹日以飞，三日，周太史曰：“其当王身乎？若禜是移于令尹、司马。”王曰：“除腹心之疾，而置之股肱，何益也。”遂弗禜。其岁昭王卒。刘孝标《辨命论》曰：“荆昭德音，丹云不卷。”

《史记》：宋景公时，荧惑守心。心，宋之分野也。景公忧之。司星子韦曰：“可移于相。”公曰：“相，吾之股肱也。”曰：“可移于民。”公曰：“君者待民。”曰：“可移于岁。”公曰：“岁饥民困，吾谁为君。”子韦曰：“天高听卑。君有君人之言三，荧惑宜有动。”于是候之，果退舍。景公寿年六十四。荧惑谓执法之星，亦见《辨命论》。

汤心重轻　犁手上下

《史记》：张汤汉武时为廷尉。所治即上意所欲罪，予监史深祸者；即上意所欲释，与监史轻平者。所治即豪，必舞文巧诋；即下户羸弱，时口言，虽文致法，上财察。于是往往释汤所言。

又唐魏徵上疏曰：“昔州犁上下其手而楚法以敝，张汤轻重其心而汉刑以谬，况人主而自高下乎。”《左传》：楚子侵郑，至城麇邑，郑大夫皇颉出与楚师战，败。穿封戌囚皇颉，公子围争之。伯州犁正曲直，乃上其手，谓囚曰：“夫子为王子围，寡君之贵介弟也。”又下其手，谓囚曰：“此子为穿封戌，谁获子？”囚曰：“颉遇王子弱焉。”穿封戌怒，抽戈逐王子围，弗及。楚人以皇颉归。

铿授行觞　荣啗执炙

《南史》：阴铿，字子坚。为梁襄东王法曹行参军。尝与宾客宴饮，见行觞者，因回酒炙以授之，众坐皆笑。铿曰：“吾侪终日酣酒，而执爵者不知其味，非人情也。”及侯景之乱，铿当为贼擒，或救之获免，铿问之，乃前所行觞者。

晋顾荣，字彦先。赵王伦篡位，子虔为大将军，以荣为长史。初，荣与同僚宴饮，见执炙者貌状不凡，有欲炙之色，荣割炙啗之。坐者问其故，荣曰："岂有终日执之而不知其味。"及伦败，荣被执，将诛，而执炙者为督率，救之，得免。

毛玠俭率　杨绾风化

《魏志》：毛玠，字孝先。太祖为司空丞相，玠尝为东曹掾，与崔琰并典选举，举用皆清正之士。务以俭率人，由是天下之士莫不以廉节自励。虽贵宠之臣，舆服不敢过度。太祖叹曰："用人如此，使天下人自治，吾复何为哉！"

唐杨绾，字公权。俭约，未尝问生事。与人清谈终晷，而不及荣利。人干以私，闻其言，必内愧止。始辅政，御史中丞崔宽本豪侈，城南别墅池观堂皇，为当时第一，即日遣人毁之；京兆尹黎干，出入从驺驭百数，省损才留十余骑；中书令郭子仪在邠州行营，方大会，除书至，音乐散五之四；它闻风靡然自化者，不可胜纪。世以比杨震、山涛、谢安云。

卷第六

成侯举士　翟黄进贤

《说苑》：齐威王游于瑶台，成侯卿来奏事，从车罗骑甚众。王曰：“国至贫，何出之盛也？”曰：“忌举田居子为西河，而秦、梁弱；举田解子为南城，而楚人抱罗绮而朝；举黔涿子为冥州，而燕赵给牲盛；举田首子为即墨，而于齐足究；举北郭刁勃子为大士，而九族益亲，民益富，何患国贫？”

《说苑》：田子方渡西河造翟黄，见翟黄车服之盛，问之，对曰：“此皆君之赐臣也。昔西河无守，臣进吴起，而西河之外宁；邺无令，臣进西门豹，而魏无赵患；酸枣无令，臣进北门可，而魏无齐忧；魏欲攻中山，臣进乐羊，而中山拔；魏无使治之臣，臣进李克，而魏国大治。进此五大夫者，爵禄倍。以故至此。”子方曰：“身贤者贤也，进贤亦贤也。子勉之，魏国之相在子矣。”

崔氏绣衣　子臧鹬冠

《世语》：魏临淄侯曹植妻崔氏衣绣，太祖登台见之，以违制命，还家赐死。

《左传》：郑子臧出奔宋，好聚鹬鸟羽为冠。郑伯恶其服非法，使盗诱之，逻杀于陈宋之间。君子曰：“服之不衷，身之灾也。”

何远还水　仲山投钱

《南史·循吏传》：何远，字义方。梁武帝时为武昌太守。远本倜傥，尚轻侠。至是乃折节为吏，杜绝交游。武昌俗皆汲江水，盛夏，远患水温，每以钱买人井寒水，不取钱者，则摙水还之，他事皆然。迹虽似伪，而能委曲用意。江左水族甚贱，远每食不过干鱼数片而已。

《三辅决录》曰：“安陵有项仲山，每饮马渭水，常投三钱。”又后汉郝子廉饮马，亦投钱井中。

诩不求易　宗岂辞难

后汉虞诩，字升卿。邓骘兄弟欲以吏法中伤诩。后朝歌贼宁季等数千人攻杀长吏，乃以诩为朝歌长。故旧皆吊，诩笑曰："志不求易，事不避难，臣之职也。不遇盘根错节，何以别利器乎？"后杀贼数百人，贼遂骇散。

后汉张宗，字诸君。邓禹表为偏将军。王莽败，赤眉贼众至，邓禹引师进就坚城，而众人多畏贼追，惮为后拒。禹乃书诸将名于竹简，题其前后，乱著笥中，令各探之。宗独不肯探，曰："死生有命，张宗岂辞难就逸乎！"禹叹息，遂留为后拒。赤眉卒至，宗与战，却之，诸将服其勇。

七阶义琛　五品南仲

唐李义琛历监察御史。贞观中，文成公主贡金，遇盗于岐州，主名不立。太宗召群御史至，目义琛曰："是人神情爽拔，可使推辅。"义琛往，数日获贼。帝喜，为加七阶。

唐姚南仲进右补阙。大历十三年，独孤皇后亡，代宗悼痛，诏近城为陵，以朝夕临望。南仲上疏谏，帝嘉纳，进五品阶以酬谠言。

李戡辨争　阳城决讼

唐宗室子戡，字定臣。隐阳羡里。阳羡民有斗争不决，不之官而诣戡以辨。

唐阳城，字元宗。隐中条山。谦恭简素，遇人长幼如一。远近慕其行，来学者迹接于道。闾里有争讼，不诣官而诣城决之。有盗其木者，城遇之，虑其耻，退自匿。

墨子九拒　葛亮七纵

《史记》：墨翟，宋大夫，善守御。公输般为云梯之械，将攻宋。墨子见之，乃解带为城，以牒为械。九设攻城之机，墨子九拒之。公输般攻械尽，墨于守有余。公输屈曰："吾知所以拒我者，吾不言。"楚王问之，墨子曰："公输不过欲杀臣，然臣弟子禽滑等三百人在宋。"楚乃不敢攻宋。

《汉晋春秋》曰：诸葛亮至南中，所在战捷，闻孟获者，为夷汉所服，募生致之，既得，使观于营阵之间，问曰："此军何如?"获对曰："向者不知虚实，故败。"亮笑，纵，使更战，七纵七擒，而亮犹遣获。获止不去，曰："公，天威也，南人不复反矣。"遂至滇池，南中平，皆即其渠率而用之。

郭系安危　裴任轻重

唐郭子仪，肃宗时平大盗，收复两京。德宗嗣位，摄冢宰，赐号"尚父"，进太尉、中书令。代宗不名，呼为大臣。以身为天下安危者二十年。富贵寿考，哀荣终始，人臣之道无缺焉。薨年八十五。

唐裴度，字中立。宪宗时讨吴元济，平淮西，以功封晋国公，名震四夷。使外国者，其君长必问度年几何，状貌孰似，天子用否。其威誉德业比郭汾阳，而用不用常为天下重轻。事四朝，以全德始终。及殁，天下莫不思其风烈。

陈平多智　周勃少文

前汉高祖谓吕后曰："陈平智有余，然难独任。周勃重厚少文，可以佐之。然安刘氏者，必勃也。"

范晔论曰："陈平智有余以见疑，周勃质朴忠而见信。"

单车化盗　造垒申恩

前汉龚遂，字少卿。宣帝时渤海左右郡岁饥，贼起，乃以遂为渤海太守。遂曰："海濒遐远，不沾圣化，其民困于饥寒而吏不恤，臣闻治乱民犹治乱绳，不可急也；唯缓之，然后可治。臣愿丞相御史且无拘臣以文法，得一切便宜从事。"上许焉，加赐黄金，赠遣乘传。至渤海界，郡闻新太守至，发兵以迎，遂皆遣还，移书敕属县悉罢逐捕盗贼吏。诸持锄钩田器者皆为良民，吏无得问，持兵者乃为盗贼。遂单车独行至府，郡中翕然，盗贼亦皆罢。渤海又多劫略相随，闻遂教令，即时解散，弃其兵弩而持钩锄。

盗贼悉平。遂乃开仓廪假贫民，选用良吏，慰安收养焉。

后汉张纲，字文纪。顺帝时为广陵太守。时广陵贼张婴等众数万人，杀刺史、二千石，寇乱扬徐间，积十余年。前遣郡守率多求兵马，纲独请单车之职。既到，乃将吏卒十余人径造婴垒，以慰安之，求得与长老相见，申示国恩。婴初大惊，既见纲诚信，乃出拜谒。纲延置上坐，问所疾苦。乃譬之。婴泣下感悟。明日，将所部万余人将妻子面缚归降。纲乃单车入婴垒，大会，置酒为乐，散遣部众，任从所之；子弟欲为吏者，皆引召之。南州晏然。在郡卒，婴等五百余人制服行丧。

鹏止谊坐　鶱巢䇓门

前汉贾谊为长沙王傅三年，有鹏鸟飞入谊舍，止于坐隅。鹏似鸮，不祥鸟也。谊以谪居长沙，卑湿，自伤悼，以为寿不得长，于是作《鹏鸟赋》，齐死生以自宽。岁余，文帝思谊，召入拜为梁怀王太傅。

《魏志》：张䇓，字子明，养志不仕。有戴鶱之鸟，巢䇓门阴。䇓告门人曰："夫戴鶱阳鸟，而巢门阴，此不祥也。”乃援琴歌咏作二篇，旬日而卒，年一百五岁。

布帐分士　囊粮赐军

晋谢尚为建武将军、历阳太守，转督江夏、义阳、随三郡军事。始到官，郡府以布四十匹为尚造乌布帐。尚坏之，以为军士襦袴。

《列女传》：楚子反破秦军而归，母闭门不纳，使人数之曰：“越王勾践伐吴，客有献醇酒二器，王使人注上流使士卒饮，下流味不加喙，而卒战自五也。异日又有献一囊粮者，王又使以赐军士，分而食之，甘而逾嗌，而战自十也。今士卒分菽粒而食之，子独朝夕刍豢，何也？”

文昌游霁　巨君致雨

唐段文昌，字墨卿，检校左仆射，徙帅荆南。州或旱，祫解必雨；或久雨，遇出游必霁。民为语曰：“旱不苦，祷而雨；雨不忧，公出游。”

《后汉·谢承书》：郑弘，字巨君。显宗时为驺令，政不烦苛。行春天旱，随车致雨。仕至太尉。

广告漆弓　郴解赤弩

晋乐广，字彦辅。为河南尹，尝有亲客，久阔不复来，问其故，答曰："前在坐，蒙赐酒，方欲饮，见杯中有蛇，意甚恶之，既饮而疾。"时河南听事壁上有角，漆弓画作蛇，广意杯中蛇即角影也。复置酒于前处，谓客曰："酒中复有所见否?"答曰："所见如初。"广乃告其所以，客豁然意解，沉疴顿愈。

《风俗通》曰：应郴为汲令，夏至日，请主簿杜宣赐酒，时北壁上有挂赤弩照于杯中，其形如蛇，宣恶之，然不敢不饮，其日便得疾，云蛇入腹。后郴使宣于故处设酒，杯中复有蛇，因谓宣曰："此乃壁上弩形耳，非有他怪。"宣意遂解。

绍戮臧陈　桓狱李杜

后汉曹操围广陵太守张超于雍丘，东郡太守臧洪旧为超功曹，怨袁绍不救，遂与绍绝。绍兴兵围之，城陷，生执洪。意欲屈服赦之，见洪辞切，知终不为用，乃杀之。洪邑人陈容时在坐，起谓绍曰："将军举大事，欲为天下除暴，而专先诛忠义，岂合天意？臧洪发举为郡将，奈何杀之！"绍惭，使人牵出。容曰："仁义蹈之为君子，背之为小人。今日宁与臧洪同日死，不与将军同日生也。"遂复见杀。在绍坐者，无不叹息，窃相谓曰："如何一日戮二烈士！"

后汉李云为白马令。桓帝时地震裂，众灾频降。云素刚，忧国将危，乃露布上书极谏，帝大怒，逮云下狱。时弘农五官椽杜众伤云以忠谏获罪，上书愿与云同日死。帝愈怒，遂并下廷尉。云、众皆死狱中。

薛童城郭　宇儿部伍

隋薛世雄，字世英。为儿童时，与群辈游

戏，辄画地为城郭，令诸儿为攻守之势，有不从令者挞之。诸儿畏惮，莫不齐整。父见而奇之。隋文时数有战功。炀帝时迁至左御卫大将军。《魏志》：邓艾少时亦有大志，每上高山大泽，辄指画军营。

隋宇文忻，字仲乐。幼敏慧，为儿童时，与群辈游戏，辄为部伍，进止行列，无不用命。识者见而异之。后在周屡有战功。隋高祖时，改封英国公。后谋反，伏诛。

白起当死　邓禹必兴

《史记》：白起善用兵，封武安君。秦昭王四十七年，攻赵，杀赵将赵括，坑降卒四十万人。前后斩首虏四十五万人。后秦复攻赵，起称病不行，昭王怒，使人遣起，不得留咸阳中，行至杜邮，昭王赐剑自裁，起曰："我何罪?"良久曰："我固当死。"遂自杀。

后汉太傅邓禹尝曰："吾将百万之众，未尝妄杀一人，后世必有兴者。"其后邓氏自中兴后，累世宠贵，凡侯者二十九人，公二人，大将军以下十三人，中二千石十四人，列校二十二人，州牧、郡守四十八人，孙女为和帝后，曾孙女为桓帝后，东京莫与比。

甘罗报赵　唐雎见秦

《史记》：甘罗年十二事秦相文信侯吕不韦，秦使张唐往相燕，欲与燕共伐赵，以广河间之地。张唐谓文信侯曰："赵怨臣，今之燕，必经赵，臣不可以行。"文信侯不悦，甘罗乃见张唐，谕以祸福，唐遂行。罗又请为张唐先报赵，遂至赵，言燕、秦欲攻赵而广河间。王不如赍臣五城以广河间，然后赵攻燕。赵王从之。

《战国策》：齐、楚伐魏，魏使人请救不至。唐雎年九十余，见秦王曰："魏万乘之国，称东藩者，以秦强也，今救兵不至，魏急且割地，是王亡万乘之魏，而强齐、楚也。"秦遂发兵救魏。

马援自请　李靖堪行

后汉马援，字文渊。为伏波将军。时刘尚击武陵五溪蛮夷，深入，军没，援因复请行。时年六十二，帝愍其老，未许之。援自请曰："臣尚能被甲上马。”于是据鞍顾盼，以示可用。遂征五溪，击破之。

唐李靖，字药师。以功迁至尚书右仆射。后吐谷浑寇边，时靖以足疾。太宗谓侍臣曰：“靖能复起为帅乎？”靖往见房玄龄，曰：“吾虽老，尚堪一行。”帝喜，用之。靖乃决策深入，大战数十，残其国。吐谷浑伏允愁蹙自经死。

宇恺造殿　何稠制城

隋宇文恺，字安乐。有巧思，炀帝悦之，拜工部尚书。帝北巡，欲夸戎狄，令造观风行殿，上容侍卫者数百人，离合为之；下施轮轴，推移倏忽，有若神功。戎狄见之，惊骇。

隋何稠，字桂林。性绝巧，有智思。开皇初，迁御府监，历大府丞。波斯常献金锦袍，组织殊丽，上命稠为之。稠锦既成，逾所献者。时中国久绝琉璃之作，匠人无敢厝意，稠以绿瓷为之，与真不异。炀帝时又讨阅图籍，营造舆服羽仪，皆有其法。又领少府监。辽东之役，造辽水桥，二日而就。制行殿及六合城，帝于辽左与贼相对，夜中施之。其城周回八里，城及女垣各高十仞，上布甲士，立仗建旗，四隅置阙，面别一观，下三门，迟明而毕。高丽望见，谓若神功。

宋武纳衣　隋文昔服

《南史》：宋武帝微时甚贫，常自新州伐荻，有纳布衣袄等，皆是敬皇后手自作。既贵，以此衣付长安宣公主，曰："后世有骄奢不节者，可以此衣示之。"文帝时公主子徐湛之得罪，公主乃以锦囊盛武帝纳衣，掷地曰："汝家本贫贱，此是我母为汝父作此纳衣。今日有一顿饱食，便欲残害我儿子。"上亦号哭，赦湛之。

《北史》：隋房陵王勇为太子，常文饰蜀铠，帝见而不悦，恐致奢侈之渐，因曰："我历观前代帝王，未有奢华而得长久者。汝当储后，若不上称帝心，下合人意，何以承宗庙之重，居兆人之上？吾昔衣服，日留一物，时复看之，以自警戒。又拟分赐汝兄弟，恐汝忘昔时之事。"又唐太宗亦谓魏徵曰："朕不敢忘布衣时。"

吉不道恩　韩非报辱

前汉丙吉，字少卿。武帝末，巫蛊事起，诏

吉治巫蛊郡邸狱。时宣帝生数月，以皇曾孙坐卫太子事系，吉怜之。又心知太子无事实，重哀曾孙无辜，乃择谨厚女徒，令保养曾孙，置闲燥处。后望气者言长安狱中有天子气，于是上遣使者诏狱系者，无轻重一切皆杀之。内谒者令郭穰夜到郡邸狱，吉闭门拒使者不纳，曰："皇曾孙在。他人无辜死者犹不可，况亲曾孙乎！"穰因劾奏吉。武帝亦寤，曰："天使之也。"因赦系者。曾孙病，吉数敕保养乳母加致医药，视遇甚有恩惠，以私财物给其衣食。后昌邑王废，吉劝霍光迎立曾孙，是为宣帝。吉为人深厚，不伐善。自曾孙遭遇，吉绝口不道前恩，故朝廷不能明其功也。宣帝后知，大贤之，封为博阳侯。后为丞相。

前汉韩安国，字长孺。事梁孝王为中大夫。后坐法抵罪。蒙县狱吏田甲辱安国，安国曰："死灰独不复然乎？"甲曰："然即溺之。"居无几，汉使使者拜安国为梁内史，起徙中为二千石。田甲亡。安国曰："甲不就官，我灭而宗。"田肉袒谢，安国笑曰："公等足与治乎？"卒善遇之。

婴数爱马　朔言重鹿

《晏子》曰：齐景公所爱马死，怒，令刀解养马者。晏子请数之，曰："尔有罪：王公使尔养马，汝杀之，一也。杀公所爱马，二也。使公以一马之故杀人，百姓怨吾君，诸侯轻吾国，三也。"景公遂止。又按《说苑》言景公好弋，使烛雏主鸟而亡之。公欲杀烛雏。晏子亦数三罪，公乃赦之。

前汉武帝时，人有杀上林鹿者，下有司杀之。东方朔曰："是人有三当死：使陛下以鹿之故杀人，一也；使天下闻重鹿贱人，二也；匈奴即有急，惟鹿触之，三也。"武帝默然，乃赦之。

温恢振宗　氾腾施族

《魏志》：温恢字曼基。父恕为涿郡太守，卒。恢年十五，送丧还乡，内足于财，恢曰："世方乱，安以富为？"一朝尽散，振施宗族。后举孝廉，仕至凉州刺史。

晋汜腾，字无忌。举孝廉，除郎中。属天下兵乱，去官还家。叹曰："生于乱世，贵而能贫。乃可以免。"散家财五十万，以施宗族。张轨召为府司马，腾曰："门一杜，其可开乎！"固辞病不起。

卷第七

太宗怒范　汉文责唐

唐柳范，贞观中为侍御史，时吴王恪好田猎，范弹治之。太宗曰："权万纪不能辅道恪，罪当死。"范曰："房玄龄事陛下，犹不能谏止田猎，岂宜独罪万纪？"帝怒，拂衣。顷之，召谓曰："何廷折我？"范谢曰："主圣则臣直，陛下仁明，臣敢不尽愚。"帝乃解。

前汉冯唐为郎中。文帝曰："嗟乎！我独不得廉颇、李牧为将，岂忧匈奴哉！"唐曰："陛下虽有廉颇、李牧不能用也。"上怒，起入禁中。良久，召唐责曰："公众辱我，独无间处乎？"又问其故，唐因言云中守魏尚拒匈奴，力战有功，一言不相应，文吏以法绳之，法太明，罚太重也。帝悟，乃赦魏尚，复为云中守。

玉诈怪石　雉欺凤凰

尹文子曰："魏田父耕于野，得玉，径尺，

以告邻人。邻人诈之曰："此怪石也，蓄之非利其家。"田父犹豫，以归置于庑下，其玉明照一室，大怖，遂弃之于远野。邻人取之以献魏王，魏王召玉工相之，玉工曰："大王得天下之宝，比无价以当之。"魏王赐献玉者千金，长食上大夫禄。

又曰：楚人握山雉者，欺路人曰："凤凰也。"路人曰："我闻凤凰，今始见矣。"请买千金，弗与；请加倍，乃与之。方欲献楚王，经宿死。不遑恤其金，惟恨不得献王。王闻感之，召，厚赐之，过买鸟之金十倍。

膑减见弱　诩增示强

《史记》：魏与赵攻韩，韩告急于齐。齐使田忌将而往，直走大梁。魏将庞涓闻之，去韩而归。齐军既已过而西矣，孙膑使齐军入魏地为十万灶，明日为五万灶，又明日为二万灶。庞涓行三日，大喜，曰："我固知齐军怯，入吾地三日，士卒亡者过半矣。"乃与轻锐倍日并行逐之。孙膑度其行，暮当至马陵。乃预伏兵，令魏军大乱相失，遂乘胜尽破魏军。

后汉虞诩，字升卿。羌寇武都，诩为武都太

守。羌乃率众数千，遮诩于陈仓、崤谷，诩即停军不进，而宣言上书请兵，须到当发。羌闻之，乃分抄傍县，诩因其兵散，日夜进道，兼行百余里。令吏士各作两灶，日增倍之。羌不敢逼。或问曰："孙膑减灶而君增之。兵法日行不过三十里，以戒不虞，今日行三百里。何也?"诩曰："虏众多，吾兵少。徐行则易为所及，速进则彼所不测，虏见吾灶日增，必谓郡兵来迎。众多行速，必惮追我。孙膑见弱，吾今示强，势不同也。"既到郡，兵不满三千，击羌数万余，大破之，贼遂败散。

赵谢界上　霸劳道傍

前汉赵广汉，字子都。宣帝时为京兆尹，尝为书记召湖都亭长，西至界上，界上亭长戏曰："至府，为我多问赵君。"亭长既至，广汉与语，问事毕，谓曰："界上亭长寄声谢我，何以不为致问?"亭长叩头服实有之。广汉因曰："还为吾谢界上亭长，勉思职事，有以自效，京兆不忘卿厚意。"其发兵擿伏如神，皆此类也。

前汉黄霸，宣帝时为颍川太守。尝遣廉吏察民事，戒吏周密勿泄。吏出，不敢舍邮亭，食于道傍，乌攫其肉。民有欲诣府口言事者适见之，霸与语道此。后日吏还，霸见迎劳之，曰："甚苦，食于道旁乃为鸟所盗肉。"吏大惊，以霸具知其起居，所问毫厘不敢有所隐。鳏寡孤独有死无以葬者，乡部书言，霸具为分别处置，某所大木可为棺，某亭猪子可祭，吏往皆如所言。其识事聪明如此，吏民皆称神明。

灵运二宝　伯施五绝

《南史》：谢灵运诗、书皆兼绝，每文章毕，手自写之。文帝称为二宝。

唐虞世南，字伯施。太宗每称其有五绝，谓德行、忠直、博学、文辞、书翰也，仕至弘文馆学士。

孔觊醒判　崔咸夜决

《南史》：孔觊，字思远。仕宋为长史，性使酒校气，每醉辄弥日不醒，然明晓政事，醒时判决，未尝有壅。众咸云："孔公一月二十九日醉，胜世人二十九日醒也。"孝武每欲引见，先遣人觇其醉醒。性真率，不尚矫饰。

唐崔咸，字重易。敬宗时累迁陕虢观察使，日与宾客僚属痛饮，未尝醒；夜分辄决事，裁剖精明，无一毫差，吏称为神。

梓占错失　朱相蹉跌

《左传》：鲁昭公二十二年五月日蚀，梓慎曰："将水。"八月大雾，旱也。又昭公十八年五月火始昏见，丙子风，裨灶曰："郑又将火。"子产曰："天道远，人道迩，非所及也，灶焉知天道。"亦不复火。魏刘劭曰："梓慎、裨灶古之良史，犹占水火，错天时。"

《魏志》：朱建平善相术，效验非一。惟相王昶、程喜、王肃蹉跌。肃年六十二疾笃，夫人问以遗言。肃云："建平相我逾七十，位至三公，今未也，何虑乎？"肃遂卒。

牛溲马渤　竹头木屑

唐韩愈《进学解》曰："玉札丹砂，赤箭青芝，牛溲马渤，败鼓之皮，俱收并蓄，待用无遗者，医师之良也。"

晋陶侃，字士行，为征西大将军、荆州刺史。时造船，木屑及竹头悉令举掌之，咸不解所以。后会积雪始晴，听事前余雪犹湿，于是以屑布地。及桓温伐蜀以侃所贮竹头作钉装船。其综理微密，皆此类也。

齐桓长霸　卫灵为贤

《说苑》：齐桓公杀兄而立，非仁义也；与妇人同舆驰于邑中，非恭俭也；闺门之内无可嫁者，非清洁也。此三者，亡国失君之行也。然得管仲、隰朋，九合诸侯，一匡天下，毕朝周室，为王霸长，以其得贤佐也。

《说苑》：鲁哀公问孔子曰："当今谁为贤？"对曰："卫灵公。"哀公曰："吾闻其闺门之内，姑姊妹无别。"对曰："臣观于朝廷，不观于堂陛之间也。灵公之弟曰公子渠牟，其智足以治千乘之国，其信足以守之，而灵公爱之。又有士曰王林，能进贤，而灵公尊之。庆足能治大事，而灵公悦之。史鳝去灵公邸舍三月，琴瑟不御，待史鳝之入也，而后入焉。是以知其贤。"

腹稿王勃　宿构仲宣

唐王勃，字子安。善文辞，初不精思，先研墨数升，则酣饮引被覆面卧，及寤，援笔成篇，不易一字，时人谓勃为腹稿。尤善著书。

《魏志》：王粲，字仲宣。善属文，举笔便成，无所改定。时人常以为宿构。然王复精意覃思，亦不能加也。著诗赋、论议垂六十篇。

恭令归牛　韩劝移田

后汉鲁恭为中牟令。专以德化为理，不任刑罚。讼人许伯等争田，累年守令不能决，恭为平理曲直，皆退而自责，辍耕相让。又亭长从人借牛不还，恭召亭长，令归牛者再三，不从。恭叹曰："是教化不行也。"欲解印绶去。掾吏泣涕共留之，亭长乃惭悔，还牛，诣狱受罪。恭贷不问，于是吏人信服。

前汉韩延寿，字长公。守左冯翊，行县至高陵，民有昆弟讼田自言，延寿大伤之，以为伤风化，咎在冯翊。遂移病不听事，因入卧传舍，闭阁思过，令丞、啬夫、三老亦皆自系待罪。于是讼者宗族相责，此两昆弟深自悔，皆自髡肉袒谢，愿以田相移，终死不敢争。延寿大喜，开阁延见，劝勉之。后民莫复以辞讼自言者。

鞅予徙木　起赐移辕

《史记》：卫鞅后封商君。秦孝公以鞅为左庶长，鞅乃变秦法。令既具，未布，恐民不信己，乃立三丈之木于国都南门，募民有能徙置北门者予十金。民怪之，莫敢徙。复曰："予五十金。"有一人徙之，辄与五十金，以明不欺。遂令行于民。

魏将吴起欲伐秦，恐士卒军人不信，乃埋一车辕于市东门，书曰："有能移此辕著西门者，给土田宅百亩，黄金百斤。"二日，无人敢移，又书曰："给田宅五百亩，黄金五百斤。"有一人来移，即赐之。于是召募人伐秦，遂克。

咎犯荐仇　解狐举怨

《说苑》曰：晋文公问咎犯："谁可为西河守？"对曰："虞子羔。"曰："非汝之仇欤？"曰："君问为守者，非问臣之仇也。"子羔见咎犯谢之。咎犯曰："荐子者，公也，吾不以私事害公义，子去矣，顾吾谢子矣。"

韩子曰："解狐与荆伯柳为怨，赵简王问：'孰可为上党守？'解狐曰：'荆伯柳可。'曰：'非子之仇乎？'曰：'臣闻举贤不避仇雠。'"

李善养续　汲固抱宪

后汉李善，字次孙，淯阳人，本同县李元苍头。建武中疫疾，元家相继死没，惟孤儿续始生数旬，而资财千万，诸奴婢欲谋杀续，分财。善乃潜负续逃亡，亲自哺养。续虽在怀抱，奉之不异长君，有事辄长跪请白，然后行之。续年十岁，善与归本县，修理旧业。告奴婢于长吏，悉收杀之。显宗时，善仕至日南太守。

《北史》：汲固为兖州从事。刺史李式坐事被收，吏人皆送至河上。时式子宪生始满月。式大言于众曰：“程婴、杵臼何如人也?”固曰：“今古岂殊!”遂潜还不顾，径入城，于式妇闺抱宪归藏。及捕者收宪，属有一婢产男，母以婢儿授之。事寻泄，固乃携宪逃遁，遇赦始归。后高祐为兖州刺史，嘉固节义，以为主簿。程婴、公孙杵臼护养赵朔子赵武，事见《史记》。

勉投犀珍　颛焚锦绢

唐李勉，字玄卿。为岭南节度使。番禺贼冯崇道、桂叛将朱济时等负险为乱，残十余州，勉遣将讨之，平五岭。西南夷舶岁至才四五，讥视苛谨。勉既廉洁，又不暴征，明年至者乃四十余柁。居官久，未尝收饰器用车服。后召归，至石门，尽搜家人所蓄犀珍投江中。时人谓可继宋璟、庐奂、李朝隐。

《南史》：孔颛字思远，宋孝武时为府长史，典签，世称清约。弟道存、从弟微，颇营产业。二弟请假东还，颛出渚迎之，辎重十余船，皆锦绢纸席之属。颛正色曰：“汝辈忝预士流，何作贾客邪?”命烧尽乃去。

白公舍屈　崔杼释晏

《新序》曰：白公胜杀楚惠王，王出亡，令尹、司马皆死。胜拔剑而属之于屈庐曰："子与我，将舍子，子不与我，将杀之。"屈庐曰："《诗》云：'恺悌君子，求福不回。'今子杀子叔父，而求福于庐也，可乎？且知命之士见利不动，临死则死，是谓临臣之礼。故上知天命，下知臣道，其有可劫乎？"白公胜乃入其剑焉。

晏子书言崔杼杀齐庄公，欲劫晏子与盟。以戟拘其颈，剑承其心。晏子曰："劫吾以刃而快其意，非勇也。"崔杼释之。

巨源八斗　祖言二升

晋山涛，字巨源。仕至司徒。饮酒至八斗方醉，帝欲试之，密益其酒，涛极本量而止。

晋陆纳，字祖言。少有清操，贞厉绝俗。出为吴兴太守。将之郡，先至姑孰辞桓温，因问温曰："公至醉可饮几酒？食肉多少？"温曰："年大来饮三升便醉，白肉不过十脔。卿复云何？”纳曰：“素不能饮，止可二升，肉亦不足言。”后伺温闲，谓之曰：“欲与公一醉，以展下情。”时王坦之、刁彝在坐，及受礼，唯酒一斗，鹿肉一盘，座客愕然。温及宾客并叹其率，更敕中厨设精馔，酣饮极欢而罢。后为奉车都尉、卫将军。谢安尝欲诣纳，所设惟茶果而已。兄子俶密为具，遂陈盛馔。客罢，纳大怒，以为秽我素业，杖之四十。

敖复郢市　晏省齐刑

《史记》：孙叔敖为楚相，庄王以币轻，更以小为大，百姓不便，皆去其业。市令言之相曰：“市乱，民莫安其处，次行不定。”相曰：“吾今令之复矣。”乃言于王曰：“前日更币，以为轻。今市令来言曰‘市乱，民莫安其处，次行不定’。臣请遂令复如故。”王许之，下令三日而市复如故。太史公曰：孙叔敖出一言，郢市复。

《左传》：齐景公谓晏子曰：“子之宅近市，识贵贱乎？”于是时，景公繁于刑，有鬻踊者。晏子故对曰：“踊贵而屦贱。”景公为是省刑。君子曰：“仁人之言，其利溥哉。晏子一言而齐侯省刑。”踊，谓刖足者屦也。

樊恶禽肉　卫放郑声

楚庄王好猎，夫人樊姬数谏不止，乃不食禽兽之肉，二年，王感之，而勤于政事。

齐桓公好淫乐，卫姬为不听郑卫之声。

考叔施郑　茅蕉说秦

《左传》：郑武姜生庄公及共叔段，爱叔段，欲立之，谋杀庄公。庄公与姜誓之曰：“不及黄泉，无相见也。”既而悔之。颍考叔曰：“若掘地及泉，隧而相见，其谁曰不然？”公从之，遂为母子如初。君子曰：“颍考叔纯孝也，施及庄公。”

《史记》：秦王九年，嫪毐与太后私乱，事觉，夷三族，迁太后于雍。齐人茅蕉说秦王曰：“秦方以天下为事，而大王有迁母太后之名，恐诸侯闻之，倍秦也。”秦王迎太后于雍，入咸阳，后居甘泉宫。太后喜曰：“安秦社稷，使妾母子复相见者，茅君之力也。”

王氏三珠　陆生双璧

王氏事见第三卷“畤子可夸”注。

《北史》：陆暐，字道晖。与弟恭之并有时誉。洛阳令贾祯见叹曰：“仆以老年，更睹双璧。”又尝兄弟共候黄门郎，孙惠蔚谓诸宾曰：“不意二陆，复在坐隅，吾德谢张公，无以延誉。”暐后仕至伏波将军。

张居蓬蒿　周巷荆棘

皇甫士安《高士传》：张仲蔚，平陵人。所居蓬蒿没人，不理荣名，时人莫识。

后汉周勰，字巨胜。时梁冀贵盛，被其召命者，莫敢不应，惟勰前后三辟，终不能屈。常隐处窜身，杜绝人事，巷生荆棘十余岁。至延熹二年，乃开门延宾，及秋而梁冀诛，年终而勰卒。蔡邕以是为知命。

陈余杖棰　食其冯轼

前汉陈余、张耳说陈涉，请奇兵略赵地。陈王许之，以所善陈人武臣为将军，耳、余为左右校尉，与卒三千人，至诸县说其豪杰，皆然其言，遂下赵十余城。乃引兵东北击范阳，范阳令又降。赵地闻之，不战下三十余城。武臣遂自立为赵王，余为大将军，耳为丞相。后赵有厮养卒谓燕将曰："武臣、张耳、陈余杖马棰下赵数十城，亦各欲南面而王，时未可耳。"

前汉郦食其说齐王田广归汉，广从之，遂罢历下兵守战备。韩信闻食其冯轼下齐七十余城，乃夜度兵袭齐。冯轼，谓安坐乘车言说，不用兵众。

典冠取衣　掌朝进笔

韩昭侯昼寝而寒，典冠乃进衣。昭侯既寤，知之，遂以法诛典衣，以其不进衣而失职也；又诛典冠，以其取衣而越职也。事见《韩非子》云。

隋刘行本性刚烈，周武帝时为掌朝下大夫。周代故事，天子临轩，掌朝典笔砚，持至御坐，则承御大夫取以进之。及行本将进笔，承御复欲取之。行本抗声谓承御曰：“笔不可得。”帝惊视问之，对曰：“设官分职，各有司存。臣既不佩承御刀，承御亦焉得取臣笔。”帝曰：“然。”因令二司各行所职。

卷第八

廖居郭北　王隐墙东

后汉廖扶，字文起。惮为吏，常叹曰：“老子有言：‘名与身孰亲?’吾岂为名乎!”遂绝志世外，专精经典。居先人冢侧，不入城市。时人因号为北郭先生。年八十，终于家。

后汉王君公，王莽时与逢萌为友，君公遭乱，侩牛自隐。时人语曰：“避世墙东王君公。”侩牛谓平会两家买卖之价。

陈兵虞诩　转车臧宫

后汉虞诩，字升卿。时羌寇武都，邓太后以诩为武都太守。既到郡，兵不满三千，攻羌众万余人，羌大震，退。诩因出城奋击，多所伤杀。明日悉陈其兵众，令从东郭门出，北郭门入，贸易衣服，回转数周。羌不知数，更相恐动。诩计贼当退，乃潜遣五百余人，候其走路，因掩击，大破之，贼由是大败。

后汉臧宫，字君翁。光武拜为辅威将军，将兵屯骆越。时公孙述将田戎、任满与岑彭相拒于荆门，彭等战数不利，越人谋叛从蜀。宫兵少，力不能制。会属县送委输车数百乘至，宫夜使锯断城门限，令车声回转出入至旦。越人候伺者闻车声不绝，而门限断，相告以汉兵大至。其渠帅乃奉牛酒以劳军营。宫陈兵大会，飨赐慰纳之，越人遂安。后破荆门，灭公孙述。

荀识牛铎　远谐黄钟

晋荀勖，字公曾，为光禄大夫。既掌乐事，又修律吕。尝于路逢赵贾人牛铎，识其声。及掌乐，音韵未调，乃曰："得赵之牛铎则谐矣。"遂下郡国，悉送牛铎，果得谐音。

《北史》：长孙绍远，字师。少为太常，广召工人创造乐器，唯黄钟不调，每恨之。尝经韩使君佛寺，闻浮图三层上铎鸣，其音雅合宫调。因取而配奏，方始克谐。

王思逐蝇　持正敛蜂

《魏略》：王思字文行。为司农。性急，常

把笔书，而蝇在笔端，弹去复来，思怒，起逐蝇，不能得去，取笔坏而弃之。

唐皇甫湜，字持正。性急，尝为蜂螫指，购小儿敛捣取其液。一日，命其子录诗，一字误，诟跃呼杖，杖未至，啮其臂血流。仕至工部郎中。

汉武礼黯　魏明惮阜

前汉汲黯，武帝时为主爵都尉，时大将军卫青侍中，上踞厕视之。丞相公孙弘宴见，上或时不冠。至如见黯，不冠不见也，上尝坐武帐，黯前奏事，上不冠，望见黯，避帐中，使人可其奏。其见敬礼如此。

《魏志》：杨阜，字义山。为城门校尉，常见明帝著帽，被缥绫半褎袖。阜问曰："此于礼何法服也？"帝默然。自是不法服不见阜，其敬惮如此。

晁错智囊　杜预武库

前汉晁错，文帝时为太子家令，以其辩得幸太子，太子家号“智囊”。言其一身所有皆是智算，如囊橐之盛物也。又樗里子、杜预也号“智囊”。

晋杜预，字元凯。作人物排新器，兴常平仓，定谷价，榷盐运，以利国救边，损益万机，不可胜数，朝廷号“武库”，言其无所不有。

夏侯经术　杨侃才具

前汉夏侯胜，字长公，仕至太子太傅。每讲授，常谓诸生曰：“士患不明经术，经术苟明，其取青紫如俯拾地芥耳。学经不明，不如归耕。”

《北史》：杨侃，字士业，太府卿播之子。独不交游，亲朋劝其出仕，侃曰：“苟有良田，何忧晚岁，但恨无才具。”尔后仕至侍中，加卫将军。

叱狗去妻　骂婢出妇

后汉鲍永，字君长。事后母至孝，妻尝于母前叱狗，而永即去之。

唐李迥秀，字茂之，终兵部尚书。母少贱，妻骂媵婢，母闻不乐，迥秀即出其妻。或问之，答曰："娶妇要事姑，苟违颜色，何可留？"武后尝遣人候其母，或迎置宫中。

权会诵易　顾欢置经

《北史》：权会字正理。少受郑《易》，仕齐至国子博士，每占筮，大小必中，但用爻辞彖象，以辨吉凶，不《易》占之属。曾夜出城东，独乘一驴，忽有二人，一人牵头，一人随后，有似相助。回动轻漂，渐失路。心甚怪之，遂诵《易经》上篇第一卷，不尽，二人忽离散。会亦不觉坠驴，迷闷，至明，知坠处乃郭外，才去家数里。

《南史》：顾欢，字景怡。隐居不仕，于剡

天台山开馆聚徒，受业者常近百人。山阴白石村多邪病，有病邪者问欢，欢曰：“家有何书?”曰：“惟有《孝经》。”曰：“可取《仲尼居》置病人枕边恭敬之，自瘥也。”后果愈。问其故，曰：“善禳恶，正胜邪，所以瘥也。”

元达知味　公曾识薪

《晋·载记》：符亮，字元达。善识味，咸酢及肉皆别所由，会稽王司马道子为亮设盛馔，问曰：“关中之食孰若此?”答曰：“皆好，唯盐味小生耳。”既问宰夫皆如其言。或人杀鸡以食之，元达曰：“此鸡栖常半露。”检之皆验。又食鹅肉知黑白之处，人不信，记而试之，无差。时人以为知味。后数年王国宝谮而杀之。

晋荀公曾在晋武帝坐赐食进饮，谓在坐人曰：“此劳薪所炊。”帝密问膳夫，乃云实用故车脚。举世服其明识。又晋平公时，师旷亦然。

干木在魏　仲连却秦

《史记》：段干木隐居不仕，魏文侯知其贤，累召不就。文侯出，过其庐，未尝不下车。时秦欲伐魏，闻干木在魏，终不敢发兵。谈笑偃息。见晋左思《咏史诗》云。

《史记》：鲁仲连，齐人也。不肯仕宦，好持高节。游于赵，会秦兵围赵邯郸，魏王使新垣衍间入邯郸，因平原君劝赵王尊秦昭王为帝，秦必喜，罢兵去。仲连乃见平原君谓曰："梁客新垣衍何在？请为君责而归之。"遂见新垣衍，说以祸福。衍拜谢，不敢复言。秦将闻之，为却军五十里。适会魏公子无忌军来救赵，秦军遂引去，于是平原君欲封鲁仲连，鲁仲连辞去。

陈遵放意　张竦苦身

前汉王莽时，陈遵、张竦俱免官，以列侯归长安。竦居贫，无宾客，好事者时时从之质疑问事，论道经书而已。而遵昼夜呼号，车骑满门，酒肉相属。遵常谓竦曰："足下讽诵经书，苦身自约，不敢差跌，而我放意自恣，浮沉俗间，官爵功名，不减于子，差独乐不优邪！"竦曰："人各有性，长短自裁。然学我易持，效子者难将，吾常道也。"

文种七术 计然十策

《史记》：越王勾践已平吴，或谗大夫文种且作乱。越王乃赐剑曰：“子教寡人伐吴七术，寡人用三而败吴，其四在子，子为我从先王试之。”种遂自杀。

《前汉·传》曰：昔越王勾践困于会稽之上，乃用范蠡、计然。计然曰：“知斗则修备，时用则知物，二者形则万货之情见矣。故旱则资舟，水则资车，物之理也。”推此类而修之，十年国富，厚赂战士，遂报强吴，刷会稽之耻。范蠡叹曰：“计然之策，十用其五而得意。既已施国，吾欲施之家。”乃乘舟浮江湖，适齐之陶，十九年间三致千金，遂至巨万。

毛遂囊锥 行冲药石

《史记》：秦兵围赵邯郸，赵使平原君求救，合纵于楚，约与食客门下有勇力，文武备具者二十人偕。平原君取门下得十九人。门下有毛遂者，自赞备员而行。平原君曰：“贤士处世，譬锥之处囊中，其末立见。今先生处门下三年，左右未有称诵，先生可止。”遂曰：“臣乃今日请处囊中耳。若早处乃颖脱而出，非特其末见而已。”于是偕行，至楚定纵而还。平原君叹曰：“毛先生以三寸之舌，强于百万之师。”遂以为上客。

唐元澹，字行冲。以字显，博学，尤通诂训。及进士第，累迁通事舍人。狄仁杰器之。尝谓仁杰曰：“下之事上，譬犹富家储积，以自资也。脯腊膎腆以供滋膳，参术芝桂以防疾疢，门下充旨味者多矣。愿以小人备一药石可乎？”仁杰笑曰：“君正吾药笼中物，不可一日无也。”

城申慷慨　群非拱默

唐阳城，字亢宗，初隐中条山。德宗拜为谏议大夫，不言事。韩愈作《争臣论》讥切之。及裴延龄诬逐陆贽、张滂、李充等，帝怒甚，无敢言。城乃上疏极论延龄罪，慷慨引谊，申直贽等，累日不止。闻者寒惧。后帝相延龄，城显语曰：“延龄为相，吾当取白麻坏之，哭于中庭。”帝不相延龄，城力也。

《魏书》：陈群，字长文，事太祖。文帝时

前后数密陈得失，上封事，辄削其草，时人及其子弟莫能知也。论者或议群居位拱默。正始中，诏撰群臣上书，以为名臣奏议，朝士乃见群谏事，皆叹息焉。

叔敖阳报　士谦阴德

贾谊《新书》曰：“孙叔敖为婴儿，出游而还，忧而不食，其母问其故，泣而对曰：“今日吾见两头蛇，恐去死无日矣。”母曰：“今蛇安在?”曰：“吾闻，见两头蛇者死，吾恐它人又见，已埋之也。”母曰：“无忧，汝不死，吾闻之有阴德者，天报以福。”人闻之，皆喻其为仁也。及为令尹，未治而国人信之。《列女传》曰：有阴德者阳报之，德胜不祥，仁除百祸。天之处高而听卑，尔必兴于楚。及长为令尹，老终。

《北史》：隋李士谦，字子约。初为魏开府参军，后不仕。富财，节俭，每以赈施为务。州里有丧事，不均，至相阋讼。士谦闻，私出财补其少者，令与多者相埒。又出粟万石贷乡人。属年饥，悉唤债家，为设酒食，焚契。他年饥，多死者，乃罄家资，为之糜粥，赖以全活者万计。春又出田粮种子，分给贫乏。凶年散谷万余石，合药救疾病，积三十年。或言其多阴德，士谦曰："阴德犹耳鸣，人无知，已独知，今吾子皆知，何谓阴德?"

胜举洪范　隽证春秋

前汉夏侯胜，字长公。昭帝崩，昌邑王嗣立，数出游戏。胜当乘舆前谏曰："天久阴不雨，臣下有谋上者，陛下出欲何之?"王怒，谓胜为妖言，携以属吏，吏白大将军霍光，光不举法。是时，光与张安世谋欲废昌邑王。光责安世，以为泄语，安世实不言。乃召问胜，胜曰："《洪范传》言：'皇之不极，厥罚常阴，时则下人有伐上者'，恶察察言，故云臣下有谋上者。"光、安世大惊，以此益重经术士。

前汉隽不疑，字曼倩，昭帝时为京兆尹。始元五年，有一男子乘黄〔犊〕车，建黄旐，衣黄襜褕，著黄帽，诣北阙，自谓卫太子。公车以闻，诏使公卿将军中二千石杂识视。长安中吏民聚观者数万人。右将军勒兵阙下，以备非常。丞相御史中二千石至者皆莫敢发言。不疑后到，叱从吏收缚，曰"诸君何患于卫太子！昔蒯聩违命出奔，辄拒而不纳，《春秋》是之。卫太子得罪先帝，亡不即死。今来自诣，此罪人也"。遂送诏狱。天子与大将军霍光闻而嘉之，曰："公卿大臣当用经术明于大谊。"由于声名重于朝廷。后验治，乃成方遂诈称。

子胥抉眼　王豹系头

《史记》：伍子胥谏吴王释齐兵而先伐越，吴王不听，使子胥于齐。子胥乃属其子于齐鲍牧，而还报吴。吴太宰嚭因谗之，吴王乃使使赐剑令死，子胥仰天叹曰："嗟乎！谗臣嚭为乱矣。"乃告其舍人曰："必植吾墓上以梓，令可以为器；而抉吾眼挂吴东门之上，以观越寇之入灭吴也。"乃自刭死。

《晋·忠义传》：王豹为大司马齐王冏主簿。冏骄纵，失天下心，豹致笺谏之。书入，无报。以重笺谕之。冏既不能嘉纳，乃奏豹："为臣不忠不顺不义，辄敕都街考竟，以明邪正。"豹将死，曰："系吾头大司马门，见兵之攻齐也。"众庶冤之。俄而冏败。

举问三杨　侯事五楼

唐杨虞卿迁给事中。佞柔，善谐丽权幸，倚为奸利。岁举选者，皆走门下，署第注员，无不得所欲，升沉在牙颊间。当时有苏景胤、张元夫，而虞卿兄弟汝士、汉公为人所奔向，故语曰："欲趋举场，问苏、张；苏、张犹可，三杨杀我。"李宗闵辅政，待之甚厚，为宗闵党魁。

《晋·载记》：慕容超时，公孙五楼为侍中、尚书，领左卫将军，总朝政，宗亲皆夹辅，左右三公内外无不惮之。尚书都令史王俨谄事五楼，迁尚书郎，出为济南太守，入为尚书左丞，时人语曰："欲得侯，事五楼。"

高获诈马　张捕盗牛

《北史》：高谦之，字道让，为河阴令。有人囊盛瓦砾，指作钱物，诈市人马，因而逃去。诏令追捕。谦之乃伪枷一囚，立于马市，宣言是前诈市马贼，今欲刑之。密遣腹心，察市中私议者。有二人相见忻然曰："无复忧矣！"执送案问，悉获其党。并出前后盗处，失物之家，各得其本物，具以状告。

唐张允济〔仕隋〕为武阳令，以爱利为行。元武民以牸牛依妇家者，久之，孳十余犊，将归，而妇家不与牛。民诉县，县不能决，乃诣允济，允济曰："若自有令，吾何与焉？"民泣诉其抑，允济因令左右缚民，蒙其首，过妇家，云捕盗牛者，命尽出民家牛，质所来，妇家不知，遽曰："此婿家牛，我无豫。"即遣左右撤蒙，曰："可以此牛还婿。"妇家叩头服罪，元武吏大惭。

兄弟七业　父子二传

晋刘殷，字长盛，仕至刘聪太保。有七子，五子各授一经，一子授《太史公》，一子授《汉书》，一门之内，七业俱兴，北州之学，殷门为盛。

前汉刘向及向子歆，始皆治《易》。宣帝时，诏向受《穀梁春秋》，十余年，大明习。其子歆乃大好《左氏传》，以左丘明好恶与圣人同，亲见夫子，而公羊、穀梁在七十子后，传闻之与亲见之，其详略不同。歆数以难向，向不能非间也。然向犹自持其《穀梁》义。

薛宣分缣　范邵断绢

《风俗通》曰：有一人持一匹缣到市卖，遇雨而披覆，后一人求庇荫，授一头。雨霁当别，因争之：是我缣。太守薛宣呼骑吏断各与半，使追听之。后人曰："君恩。"缣主称冤不已。宣因拷问，后人伏罪。

《先贤传》：后汉范邵为浚仪令。有二人挟绢于市互争。令断之，各分一半，令去后遣人家察之，有一喜一愠之色。于是擒之，伏罪。

又《北史》言杨津为岐州刺史。有武功人赍绢三匹，去城十里，为贼所劫。时有使者驰驿而至，被劫人因告之。使者到，以状白津。津乃下教，云有人着某色衣，乘某色马，在城东十里被杀，不知姓名。若有人家，可速收视。有一老母行哭而出，云是己子。于是遣骑追收，并绢俱获。自是阖境畏服。

柳政不类　崔治知变

唐柳仲郢为京兆尹。置权量于东西市，使贸易用之，禁私制者。北司吏入粟违约，仲郢杀而尸之，自是人无敢犯，政号严明。后出河南尹，以宽惠为政。或言不类京兆时，答曰："辇毂之下，先弹压；郡邑之治，本惠养。乌可类乎？"

唐崔郾，字广略，为虢州刺史，治以宽，经月不笞一人。及莅鄂，则严法峻诛，不贷。或问其故，曰："陕土瘠而民劳，吾抚之不暇；鄂土沃民剽，杂以夷俗，非用威莫能治。政所以贵知变也。"闻者服焉。

虎板骇马　蒿人得箭

唐王方翼以军功进封太原郡公。阿史那元珍入寇，被诏进击。时库无铠，方翼断六板，画虎文，钩联解合，贼马忽见，奔骇，遂败。

唐张巡守雍，令狐潮引兵围之，城中矢尽，巡缚蒿为人千余，被黑衣，夜缒城下，潮兵争射之，久，乃蒿人；还，得箭数十万。其后复夜缒人，贼笑，不设备，乃以死士五百斫潮营，军大乱，焚垒幕，追奔十余里。贼惭，益兵围之。

卷第九

瑾明双阙　樗谶两宫

王隐《晋书》曰：汉末博士敦煌侯瑾善内学，语弟子曰："凉州城西有泉水当竭，当有双阙起其上。"至嘉平中，武威太守起学舍，筑双阙于此。《晋书·张轨传》亦云。

《史记》：樗里子名疾，秦惠王弟也。昭王七年卒，葬于渭南章台之东。曰："后百岁，当有天子之宫夹我墓。"至汉兴，长乐宫在其东，未央宫在其西，武库正直其墓。秦人谚曰："力则任鄙，智则樗里。"

苏章按事　源怀奉公

后汉苏章，字孺文，顺帝时为冀州刺史。故人为清河太守，章行部案其奸赃。乃请太守，为设酒肴，陈平生之甚欢。太守喜曰："人皆有一天，我独有二天。"章曰："今夕苏孺文与故人饮者，私恩也；明日冀州刺史案事者，公法也。”遂举正其罪。州境知章无私，望风畏肃。

《北史》：源怀宣武时封北冯翊郡，公诏为使持节，加侍中，行台，巡使北边六镇，恒、燕、朔三州。有怀朔镇将元尼须与怀少旧，贪秽狼藉。置酒请怀，曰：“命之长短，由卿之口，岂可不相宽贷？”怀曰：“今日之集，乃是源怀与故人饮酒之坐，非鞫狱之所也。明日公庭，始为使人检镇将罪状之处。”尼须挥泪，无以对。于是，表劾尼须。其奉公不挠如此。

杜林行义　赵孟怀忠

后汉杜林为隗嚣所拘，终不屈节。建武六年，弟死，嚣乃听林持丧东归。既遣而悔，追令刺客杨贤杀之。贤见林身推鹿车，载致弟丧，乃叹曰：“当今之世，谁能行义？我虽小人，不忍杀义士！”因亡去。光武乃召拜侍御史。

范晔论曰：“赵孟怀忠，匹夫成其仁。杜林行义，烈士假其命。”赵孟，晋赵大夫赵盾也。

王播强济　班宏益恭

唐王播，字明扬。位宰相，韦处厚当国，以献替自任，天子向之。播专以钱谷进，不甚与事。居位四年卒。播少孤贫，自刻苦至成立，居官以强济称。天性勤吏职，每视簿领纷积于前，人所不堪者，播反用为乐。

唐班宏清洁勤力，掌财赋，晨入官宇夕而出，吏不堪其劳，而己益恭。

张汤后薪　李程长翮

前汉汲黯始到九卿，而公孙弘、张汤为小吏。后弘、汤与黯同位。已而弘至丞相，封侯；汤御史大夫；黯时丞史皆与同列，或尊过之。黯褊心，怨望，见上言曰："陛下用群臣，如积薪耳，后来者居上。"

唐李程，字表臣，为宰相。辨给多智，然简脱无仪检，虽在华密，而无重望。最为文宗所遇，曰："高飞之翮，长者在前。卿朝廷羽翮也。"

駃騠食苏　夜光投白

《史记·邹阳上梁孝王书》曰："苏秦相燕，人恶之于燕王，燕王按剑而怒，食以駃騠；白圭显于中山，人恶之于魏文侯，文侯投以夜光之璧。"谓燕、魏二君不信谗者，更烹骏马駃騠食苏秦，宝玉夜光赐白圭也。

伯奇廷争　子阿就格

后汉寒朗，字伯奇。显宗时考按楚狱颜忠、王平等，辞连及耿建等。伯奇知建等为忠、平所诬，上言救之。帝怒，欲诛伯奇。伯奇曰："愿一言而死。臣见考囚在事者，咸共言妖恶大故，臣子所宜同疾，今出之不如入之，无所复责。是以考一连十，考十连百。又公卿相会，陛下问以得失，皆言旧制大罪祸及九族，陛下大恩，裁止于身，天下幸甚。及其归舍，口虽不言，仰屋窃叹，知多冤，无敢语陛下者。臣今所陈，诚死不恨帝。"帝意解。后二日，车驾自幸洛阳狱，理出千余人。

后汉钟离意，字子阿。显宗时为尚书仆射。时诏赐降胡子缣，尚书案事，误以十为百。帝见司农上簿，大怒，召郎将笞之。意因入叩头曰："过误之失，常人所容。若以懈慢为愆，则臣位大，罪重，郎位小，罪轻，臣当先坐。"乃解衣就格。帝意解，使复冠而贳郎。罪格，谓拘执也。范晔论曰："钟离意之就格请过，寒伯奇之廷争冤狱，笃矣乎，仁者之情也。"

王任子孙　葛延宾客

《南史》：王昙首与兄弟集会子孙，任其戏适。子僧达跳下地作彪子，僧虔累十博棋，既不坠落，亦不重作。僧绰采蜡烛珠为凤凰，僧达夺取打坏，亦不复惜。伯父弘叹曰："僧达俊爽，当不减人，然亡吾家者，终此子也。僧虔必至公，僧绰当以名义见美。"

《吴志》：诸葛融字叔长，恪之弟也。恪已封侯，故融袭爵，摄兵业驻公安，秋冬则射猎讲武，春夏则延宾高会。每会辄历问宾客，各言其能，乃合榻促席，量敌选对，博弈樗蒲，投壶弓弹，部别类分，于是甘果继进，清酒徐行，融周流观览，终日不倦。

三朝颜驷　五悲照邻

《汉武故事》：帝乘辇至郎舍，见一郎老，鬓须皓白，帝问姓名，何时为郎。曰：“姓颜名驷，文帝时为郎。”帝问何久不遇，曰：“文帝好文，臣好武；景帝好美，臣貌丑；陛下好少，臣已老，是以三朝不遇。”帝感之，用为会稽太守。

唐卢照邻，字升之。调新都尉，病去官。自以当高宗时尚吏，己独儒；武后尚法，己独黄老；后封嵩山，屡聘贤士，己已废。著《五悲文》以自明。病既久，与亲属诀，自沉颍水。

左思都赋　王充论衡

晋左思，字太冲。貌寝，口讷，而辞藻壮丽。欲造《三都赋》，会妹芬入宫，移家京师，乃诣著作郎张载访岷、邛之事。遂构思十年，门庭藩溷皆著纸笔，遇得一句，即便疏之。及赋成。张华、陆机见之，皆叹服。人竞传写，洛阳为之纸贵。

后汉王充，字仲任。论说始若诡异，终有理实。以为俗儒守文，多失其真，乃闭门潜思，绝庆吊之礼，户牖墙壁各置刀笔。著《论衡》八十五篇，二十余万言。释物类同异，正时俗嫌疑。

玚辞碑颂　俊求史名

唐杨玚，字瑶光。仕至左散骑常侍。在官清白，吏请立石纪德，玚曰："事益于人，书名史氏足矣。若碑颂者，徒遗后人作碇石耳。"

隋秦孝王俊，高祖第三子也。奢侈违法，后以疾薨，上哭之数声而已。俊所为侈丽之物，悉命焚之。王府僚佐请立碑，上曰："欲求名，一卷史书足矣，何用碑为！若子孙不能保家，徒与人作镇石耳！"

览饮母子　琼谕弟兄

后汉仇览，字季香，一名香，为蒲亭长。初到亭，人有陈元者，独与母居，母告元不孝。览惊曰："此非恶人，当是教化未及至耳。母守寡养孤，苦身投老，奈何肆忿一朝，欲致子以不义乎？”母闻感悔，泣去。览乃到元家，与其母子饮，因陈人伦孝行，譬以祸福之言。元卒成孝子。

《北史》：苏琼，字珍之，为清河太守。乙普明兄弟争田，积年不断，各相援据，乃至百人。琼召而谕之，曰：“天下难得者兄弟，易求者田地。假令得地失兄弟心，如何？”因而下泪。普明兄弟叩头，乞外更思，分异十年，遂还同住。

士安书淫　杜预传癖

晋皇甫谧，字士安。高尚不仕，自号玄晏先生。耽玩典籍，忘寝与食，时人谓之“书淫”。或箴其过笃，将损耗精神。谧曰：“朝闻道，夕死可矣，况命之修短分定由天乎！”武帝频下诏敦逼，不就。自表就帝借书，帝送一车书与之。虽羸疾，而披阅不怠。

晋杜预，字元凯。既平吴立功之后，从容无事，乃耽思经籍，为《春秋左氏经传集解》。时王济解相马，又甚爱之，而和峤颇聚敛，预尝称“王济有马癖，峤有钱癖”。帝闻之，问曰：“卿有何癖？”对曰：“臣有《左传》癖。”

王吉完枣　桓礹系橘

前汉王吉，字子阳。少时学问，居长安。东家有大枣木垂庭中，吉妇取枣以啖吉，吉后知之，乃去妇。东家闻，欲伐枣，邻里闻，固止之，因固请吉，令还妇。里中语曰："东家有树，王阳妇去；东家枣完，去妇复还。"其励志如此。宣帝时为博士、谏大夫。

《东观汉记》：桓礹一名晔，尤修志介。一餐不受于人。不应辟命。初平中，天下乱，避世会稽，后移居扬州从事屈豫室中，中庭橘树一株，遇实熟，乃以竹藩橘四面，风吹落两实，以绳系著树枝。当危亡之急，其志弥固，宾客从者皆肃其行。

虞笔广谈　乐旨潘笔

晋挚虞，字仲洽。时东平太叔广枢机清辩，而虞长辞翰，俱为列卿。每至公座，广谈，虞不能对；虞笔，广不能答；更相嗤笑，纷然于世云。

晋乐广，字彦辅。迁侍中，河南尹。广善清言而不长于笔，将让尹，请潘岳为表。岳曰："当得君意。"乃作二百句语，述己之志。岳因取次比，便成名笔。时人咸云："若广不假岳之笔，岳不取广之旨，无以成斯美也。"

琰优义琛　王劣安石

唐李义琰使高丽，其王据榻召见，义琰不拜，曰："吾，天子使，可当小国之君，奈何倨见我？"王词屈，为加礼。后从祖弟义琛再使，亦坐召之，义琛匍匐拜伏。时人由是见兄弟优劣。

晋谢安，字安石，为吏部尚书、中护军。简文帝崩，桓温入赴山陵，止新亭，大陈兵卫，将移晋室，呼安及王坦之，欲于坐害之。坦之甚惧，既见温，坦之流汗沾衣，倒执手版。安从容就席，坐定，谓温曰："安闻诸侯有道，守在四邻，明公何须壁后置人邪？"温笑曰："正自不能不尔耳。"遂笑语移日。坦之与安初齐名，至是方知坦之之劣。

杨修黄绢　张鹭青钱

后汉杨修，字德祖。太尉震玄孙，好学，有俊才，为丞相曹操主簿。《语林》曰："修至江南读曹娥碑，碑背上有八字，曰：'黄绢幼妇，外孙齑臼。'操不解，问修曰：'卿知否?'修曰：'知之。'操曰：'且勿言，待朕思之。'行三十里，乃得之。令修解。修曰：'黄绢色丝，色丝"绝"字；幼妇少女，少女"妙"字；外孙女子，女子"好"字；齑臼受辛，受辛"辞"字。'操曰：'一如朕意。'"俗云："有智无智校三十里。"

唐张鹭，字文成。八以制举皆甲科。四参选，判策为铨府最。员半千称："鹭文辞犹青铜钱，万选万中。"时号"青钱学士"。

张钓不饵　陶琴无弦

见第三卷"烟波钓徒"注。

《晋·隐逸传》：陶潜，字元亮。性不解音，唯蓄素琴一张，弦徽不具，每朋酒之会，则抚而和之，曰："但识琴中趣，何劳弦上声。"

何晏妇服　妹喜男冠

《晋·五行志》尚书何晏好服妇人之服，傅元曰："此服妖也。服妖既作，身随之亡。"

妹喜冠男子之冠，桀亡天下；何晏服妇人之服，亦亡其家，其咎均也。

赠刀赠带　佩韦佩弦

唐文瓘，字稚圭，为并州参军。时李勣为长史，尝叹曰："稚圭，今之管、萧，吾所不及。"勣入朝，瓘与同僚二人皆饯，勣赠二人以佩刀、玉带，而不及文瓘。文瓘以疑请，勣曰："某犹豫少决，故赠以刀，欲其果于断；某放诞少检，故赠以带，俾其守约束。若子才，无施不可，焉用赠？"因极推引。

《韩子》：西门豹性急，故佩韦以自缓。黄安于性缓，故佩弦以自急。韦，皮绳，喻缓也；弦，弓弦，喻急也。

颜遗四能　宋传三绝

《南史》：颜延之，字延年。好读书，无所不览，文章冠绝当时。好饮酒，不护细行。宋文帝尝问诸子才能，延之曰："竣得臣笔，测得臣文，㚟得臣义，跃得臣酒。"何尚之嘲曰："谁得卿狂？"答曰："其狂不可及。"

唐宋之问，父令文富文辞，且工书，有力绝人，世称"三绝"。既之问以文章起，之悌以蹻勇闻，之逊精草隶，世谓皆得父一绝。

神物护刘　江山助说

唐刘禹锡，字梦得。素善诗，晚节尤精，与白居易酬复颇多。居易以诗自名者，尝推为"诗豪"，又言："其诗在处有神物护持。"

唐张说，字道济。为文属思精壮，长于碑志，世所不逮。既谪岳州，而诗益凄婉，人谓得江山助云。

徐庶方寸　赵苞忠节

《蜀志》：徐庶，字元直。时荆州牧刘琮闻曹公来征，遣使请降。先主在樊闻之，率其众南行，诸葛亮与徐庶并从，为曹公所追破，获庶母。庶辞先主而指其心曰："本欲与将军共图王霸之业者，以此方寸之地也。今失老母，方寸乱矣，无益于事，请从此别。"遂诣曹公。官至御史中丞。

后汉灵帝时，赵苞为辽西太守。遣使迎母及妻子，乘当到郡，道经柳城，值鲜卑万余人入塞寇钞，苞母及妻子遂为所劫质，载以击郡。苞率步骑二万，与贼对阵。贼出母以示苞，苞悲号谓母曰："昔为母子，今为王臣，义不得顾私恩，毁忠节，唯当万死。"母遥谓曰："人各有命，何得相顾，以亏忠义！尔其勉之。"苞即时进战，贼悉摧破，母妻皆为所害。苞葬讫，遂呕血而死。

贾山涉猎　谷永疏达

前汉贾山涉猎书记，不能为醇儒。孝文时，言治乱，借秦为谕，名曰《至言》。涉猎，谓若涉水猎兽，历览之不专精也。

前汉谷永，字子云。于经书泛为疏达，与杜钦、杜邺略等，不能浃洽如刘向父子及扬雄也。成帝时，官至大司农，卒。

卷第十

燕师郭隗　齐礼鄙人

《史记》：燕昭王厚币招贤。郭隗曰："王必欲致士，先从隗始。况贤于隗者，岂远千里哉！"于是昭王为隗改筑宫而师事之。其后，乐毅自魏往，邹衍自齐往，剧辛自赵往，士争趋燕也。

《说苑》：齐桓公设庭燎待士，期年士不至。东鄙野人以九九之术见者，曰："臣闻主君设庭燎待士，期年不至。以君天下贤君也，四方之士皆自以不及君，故不至。夫九九薄能耳，君犹礼之，况贤于九九者！"齐桓公曰："善。"礼之。期月而士至。

侯未封李　公不至程

前汉李广为北平太守，尝与望气王朔语，曰："自汉击匈奴而广未尝不在其中，而诸部校尉以下，才能不及中人，以军功取侯者数十人，而广不为后人，然无尺寸之功以得封邑者，何也?”朔曰：“将军岂有恨乎?”广曰：“吾为陇西守，羌尝反，吾诱而降者八百余人，同日杀之。至今大恨独此耳。”朔曰：“祸莫大于杀已降，此乃将军所以不得侯者也。”

魏程昱佐太祖有功，文帝时封安乡侯。方欲以为公，会薨，时年八十。世语曰：“初，太祖乞食，昱掠其本县，供三日粮，颇杂以人脯，由是失朝望，故位不及公。”

亮制牛马　钧作车轮

《蜀志》：诸葛亮性长于巧思，损益连弩，木牛流马，皆出其意。后主建兴九年，出军围祁，以木牛运粮。十二年又悉大众由斜谷出，以流马运粮。又损益连弩，谓之元戎，以铁为矢，矢长八寸，一弩十矢俱发。其木牛流马制度在亮集中。

魏时扶风马钧以名巧闻，明帝时为给事中。时疑古无指南车，钧以为有，但未思耳。明帝乃诏令作之而成。又居京都，城内有园地，患无水灌之，钧乃作翻车，令儿童转之，而灌水自复，更入更出，其巧百倍于常。又有人上百戏者，能没而不能动。钧乃以大木雕构，使其形若轮，平地施之，潜以水发。又以诸葛亮连弩未善，言作之可以加五倍。又作发石车，系大石数十，飞击敌城，使首尾电至。

张翰适志　元凯好名

晋张翰，字季鹰，吴郡人。齐王冏辟为大司马东曹掾，后见秋风起，乃思吴中菰莱、莼羹，鲈鱼脍，曰：“人生贵得适志，何能羁宦数千里以要名爵乎！”遂命驾而归。俄而冏败，人皆谓之见机。然翰任心自适，不求当世。或曰，“卿纵适一时，独不为身后名邪?”答曰：“使我有身后名，不如即时一杯酒。”时人贵其旷达。

晋杜预，字元凯。多智计，公家之事，知无不为。凡所兴造，必考度始终，鲜有败事。或讥其意碎者，预曰：“禹稷之功，期于济世，所庶几也。”然好为后世名，常言“高岸为谷，深谷为陵”，刻石为二碑，纪其功绩，一沉万山之下，一立岘山之上，曰：“焉知此后不为陵谷乎！”

王丹不拜　子高高揖

《东观汉记》：陈遵使匈奴，过辞于王丹。丹谓遵曰："俱遭世反复，唯我二人为天地所遗。今子当之绝域，无以相赠，赠子以不拜。"遂揖而别，遵甚善。

孔丛子曰：子高游赵，平原君客有邹文、李节者与相友善。及将还鲁，诸故人诀，既毕，文、节送行三宿。临别，文、节流涕交颐，子高徒抗手高揖而已。其徒问之，子高曰："始吾谓二子丈夫耳，乃今知其妇人也。人岂鹿豕也哉，而常群聚乎！"

绰鄙山涛　曾摈阮籍

晋孙绰，字兴公。善属文，少与高阳许询俱有高尚之志。居于会稽，游放山水十余年。尝鄙山涛，曰："山涛吾所不解，吏非吏，隐非隐，若以元礼门为龙津，则当点额暴鳞矣。"

晋何曾，字颖考。为司隶校尉。时步兵校尉

阮籍负才放诞，居丧无礼。曾面质籍于文帝座前，因言于帝曰：“公方以孝治天下，而听阮籍以重哀饮酒食肉于公座。宜摈四夷，无令污染华夏。”帝曰：“此子羸病若此，君不能为吾忍耶！”曾重引据，辞理甚切。帝虽不从，时人敬惮之。

谢艾枭鸣　虞潭鹰集

晋谢艾兼资文武，明识兵略。时石季龙使王擢、麻秋、孙伏都等侵寇不辍，凉州振动。张重华以艾为中坚将军，配步骑五千击秋。引师出振武，夜有二枭鸣于牙中，艾曰：“枭，邀也，六博得枭者胜。此克敌之兆。”于是进战，大破之。重华封艾为福禄伯，善待之。

晋虞潭，字思奥。时王含、沈充等攻逼京师，潭招集义军，赴国难，至上虞。明帝手诏潭为冠军将军，领会稽内史。义众云集。有野鹰飞集梁，众惧，潭曰：“起大义，而刚鸷之鸟来集，破贼必矣。”后果然。

魏女掩鼻　冯氏伪泣

《战国策》：魏王遗楚王美人，楚王悦之。夫人郑褎知王悦新人也，甚爱新人。衣服玩好，宫室卧具，皆择其所善为之，爱之甚于王。后郑褎知王以己为不妒也，因谓新人曰："王爱子美矣，惟恶乎子之鼻，子见王宜掩鼻。"新人从之。后王问郑褎曰："新人见寡人掩鼻何也?"褎曰："似恶闻君王之臭。"王怒，乃劓新人。

《九州春秋》：司隶冯方女，国色也。避乱扬州，袁术登城见而悦之，遂纳焉，甚爱幸。诸妇害其宠，语之曰："将军贵人有志节，当时时涕泣忧愁，必长见敬重。"冯氏从之。后诸妇因共绞杀，系之厕梁，术诚以为不得志而死，乃厚加殡殓。

新罗传记　鸡林售诗

唐冯定，字介夫，进太常少卿。文宗尝问学士李珏，曰："岂非能古章句者邪?"亲诵定《送客西江》诗，召升殿，赐瑞锦，诏悉取所著以上。初，源寂使新罗，其国人传定《黑水碑》《画鹤记》；韦休符使西蕃，所馆写定《商山记》于屏。其名传戎夷如此。

唐白居易，字乐天。于文章精劲，然最工诗。当时士人争传。鸡林行贾售其国相，率篇易一金，其伪者，相辄能辨之。

谢安蒲扇　王导布衣

晋谢安，字安石，为晋太保。少有盛名，时多爱慕。乡人有罢中宿县者，还诣安。安问其归资，答曰："有蒲葵扇五万。"安乃取其中者捉之，京师士庶竞市，价增数倍。

晋王导，字茂弘。为晋司徒。善于因事，虽无日用之益，而岁计有余。时币藏空竭，库中虽有練数千端，鬻之不售，而国用不给。导乃与朝贤俱制練布单衣，于是士人翕然竞服之，練遂踊贵。乃令主者出买，端至一金，其为时所慕如此。

歆向自异　建胜相非

见第八卷“父子二传”注。

前汉夏侯胜通《尚书》，宣帝时官至太子太傅。从父子建师事胜及欧阳高，又从《五经》诸儒问与《尚书》相出入者，牵引以次章句，具文饰说。胜非之曰：“建所谓章句小儒，破碎大道。”建亦非胜为学疏略，难以应敌。卒自专门名经，别为一家之学。官至太子少傅。

戎职弑懿　张范杀飞

《史记》：齐懿公为公子时，与丙戎之父猎，争获不胜，及即位，断丙戎父足，而使丙戎仆。御庸职之妻好，公纳之宫，庸职骖乘。四年五月，懿公游于申池，二人浴，戏。职曰：“断足子！”戎曰：“夺妻者！”二人俱病此言，乃怒。谋与公游竹中，二人弑懿公车上，弃竹中而亡去。按《左传》：丙戎作邴歜，庸职作阎职。

《蜀志》：张飞，字翼德，为先主车骑将军。

爱敬君子而不恤小人。先主常戒之曰："卿刑杀既过差，又日鞭挝健儿，而令在左右，取祸之道也。"飞不悛。先主伐吴，飞当率兵万人，自阆中会江州。临发，其帐下将张达、范强杀飞，持其首，顺流而奔孙权。

太史载崔　董狐书盾

《左传》：崔杼弑齐庄公，太史书曰"崔杼弑其君。"崔子杀之，其弟嗣书而死者二人，其弟又书，乃舍之。南史氏闻太史尽死，执简以往，闻既书矣，乃还。

《左传》：赵穿攻晋灵公于桃园。赵宣子盾出奔，未出晋境，闻公弑而还。太史董狐书曰："赵盾弑其君。"以示朝。宣子曰："不然。"对曰："子为正卿，亡不越境，反不讨贼，非子而谁?"宣子曰："呜呼！'我之怀矣，自诒伊戚'。"孔子曰："董狐，古之良史也，书法不隐。赵宣子，古之良大夫也，为法受恶。惜也，越境乃免。"

王烈遗布　道虔送笋

《先贤行状》：王烈，字彦方，魏时人。不应辟命。有盗牛者，牛主得之。盗者曰："我邂逅迷惑，今改过。子既赦宥，幸毋使王烈闻之。"烈后知之，善其能悔过，以布一端遗之。后有老父遗剑于路，行道一人见而守之，至暮，老父还，寻得剑，怪而问其姓名，以事告烈。烈使推求，乃先盗牛者也。后汉亦有传。

《南史》：沈道虔，郡州府凡十二命，皆不就。有人窃其园菜者，道虔外还见之，乃自逃隐，待去后乃出。人又拔其屋后大笋，令人止之，曰："惜此笋欲令成林。"乃买大笋送与之，盗者惭不取，乃使置其门内而还。尝以捃拾自资，同捃者或争其穟，道虔谏之不止，悉以其所得与之。争者愧恧，后每争辄云"勿令居士知"。宋文帝闻之，召员外散骑侍郎，不就。

王敦惧访　黄皓畏允

晋周访，字士达。智勇过人，为中兴名将。

闻王敦有不臣之心，常切齿。敦虽怀逆谋，故终访之世未敢为非。

《蜀志》：董允，字休昭，为侍中。后主爱宦人黄皓，皓便僻佞慧，欲自容入。允常上则正色正主，下则数责于皓。皓畏允，不敢为非。终允之世，皓位不过黄门丞。允卒后，皓操弄威柄，终至覆国。蜀人无不追思允者。

和峤千丈　王惠万顷

晋和峤，字长舆。厚自崇重，有盛名于世。朝野许其能整风俗，理人伦。累迁颍川太守，为政清简，甚得百姓欢心。庾凯见而叹曰："峤森森如千丈松，虽磊砢多节目，施之大厦，有栋梁之用。"贾充亦重之，称于武帝，迁中书令。

《南史》：王惠字令明，恬静不交游。陈郡谢瞻才辩有风气，与兄弟群从造惠，谈论锋起，文史间发，惠时相训应，言清理远，瞻等惭而退。素不与谢灵运，尝得交言，灵运辩博，辞义锋起，惠时然后言。时荀伯子在坐，退而告人曰："灵运固自萧散直上，王郎有如万顷波焉。"尝临曲水，风雨暴至，坐者皆驰散。惠徐起，不异常日，不以沾濡而改。仕至宋少帝时为吏部尚书。先是后汉黄宪字叔度，郭林宗称其“汪汪如万顷之波，澄之不清，扰之不浊”云。

穆氏四味　窦君五星

唐穆宁，怀州河内人，以秘书监致仕。尝戒诸子曰：“君子之事，养志为大，吾志直道而已。苟枉而道，三牲五鼎非吾养也。”四子：赞、质、员、赏。宁之老，赞为御史中丞，质右补阙，员侍御史，赏监察御史，皆以守道行谊显。赞字相明，员字与直，兄弟皆和粹，世以珍味目之：赞少俗，然有格，为“酪”；质美而多入，为“酥”，员为“醍醐”；赏为“乳腐”云。

唐窦群，字丹列。开州刺史。兄常、牟；弟庠、巩，皆为郎，工辞章，为《连珠集》行于时，义取昆弟若五星然。

重名周顗　天才潘京

晋周顗，字伯仁。少有重名。广陵戴若思举秀才，入洛，素闻顗名，往候之，终坐而出，不敢显其才辩。顗后代若思为护军将军。

晋潘京，字世长。初举秀才，到洛。尚书令乐广共谈累日，谓京曰："君天才过人，若学，必为一代谈宗。"京遂勤学。时武陵太守戴昌亦善谈论，与京共谈，京假借之，昌以为不知己，笑而遣之，令过其子若思，京方极其言论。昌窃听之，叹服曰："才不可假。"遂父子俱屈焉。

段击朱泚　顾奋延龄

唐段秀实，字成公。朱泚反，以秀实素有人望，使骑往迎。既入，泚喜曰："公来，吾事成矣。"秀实曰："公本以忠义闻天下，今起仓卒，当谕众以祸福，扫清宫室，迎乘舆，公之职也。"泚默然。后泚召秀实计事，源休、姚令言、李忠臣、李子平皆在坐，秀实戎服与休并。语至僭位，勃然起，执休腕，夺其象笏，奋而前，唾泚面大骂曰："狂贼！可磔万段，我岂从汝反邪！"遂击之。泚举臂捍笏，中颡，流血满面，匍匐走。贼众未敢动，已而遇害，年六十五。

唐顾少连，字夷仲。为吏部侍郎。裴延龄方横，无敢忤者，与少连会田镐第，酒酣，少连挺笏曰："秀实笏击贼臣，今吾笏将击奸臣。"奋且前，元友直在坐，劝解之。

甄彬廉慎　高允清平

《南史》：甄彬有行业，尝以一束苎就长沙寺库质钱，后赎苎还，于苎中得五两金，以手巾裹之，彬送还寺库。道人惊曰："近有人以此金质钱，时有事不得举而失。檀越乃能见还，辄以金半仰酬。"往复十余，彬坚不受。梁武帝布衣而闻之，及践祚，以彬为益州录事参军，带郫县令。将行，同列五人，帝戒以廉慎。至彬，独曰："卿有还金之美，故不复以此言相嘱。"由此名德益彰。

《北史》：高允，字伯恭。时太武舅阳平王杜超镇邺，以允为从事中郎。超以方春而诸州囚不决，表允与中郎吕熙等分诣诸州，共平狱事。熙等皆以贪秽得罪，唯允以清平获赏。

史鱼尸谏　禽息头击

《韩诗外传》：卫灵公有蘧伯玉贤而不用，弥子瑕不肖而任事，大夫史鱼尝欲进伯玉而退子瑕，公不听。及史鱼病，语其子曰："吾死后，持吾丧于阶下。吾生不能进伯玉退子瑕，是吾不能正君。死不成礼，于我足矣。”及死，灵公吊之，见丧在阶下，怪而问之。子以父言答之，公怆然变色，曰：“寡人过矣！大夫以尸谏，可谓至忠。”于是徙丧于正室，进伯玉为上卿，而退子瑕。孔子闻之曰：“古之烈谏者，死则已矣。史鱼以尸谏感君，可不谓直乎！”

《韩诗外传》：秦大夫禽息荐百里奚不见纳，缪公出，当车以头击闑，脑乃精出，曰：“臣生无补于国，不如死也。”缪公感悟而用百里奚，秦以大化。

渊明解印　延之脱帻

《南史·隐逸传》：陶潜，字渊明，少有高趣，为彭泽令，郡遣督邮至县，吏白应束带见之。潜叹曰：“我不能为五斗米折腰向乡里小人。”即日解印绶去职，赋《归去来》以遂其志云。

《南史》：卞延之弱冠为上虞令，有刚气。会稽太守孟颛以令长裁之，积不能容，脱帻投地曰：“我所以屈卿者，正为此帻也。今已投之卿矣。卿以一世勋门而傲天下国士。”拂衣而去。

勉设虚位　逊劚骗石

唐李勉位宰相，在朝廷，鲠亮廉介，为宗臣表。礼贤下士有终始，尝引李巡。张参在幕府，后二人卒，至宴饮，仍设虚位沃馈之。

唐李景让，字后己。终御史大夫。清素寡欲，门无杂宾。李琢罢浙西，以同里访之，避不见，及去，命劚其骗石。元和后，大臣有德望者，以居里显，景让宅东都乐和里，世称清德者，号“乐和李公”。

文恕翻羹　秀赦复食

《北史·帝纪》：魏孝文皇帝性宽慈，进食者曾以热羹覆帝手，又曾于食中得虫秽物，并笑而恕之。宦者先有谮帝于太后，太后杖帝数十，帝默受，不自申明。太后崩后，亦不以介意。又按列宽翻羹，楚惠吞蛭，萧统置蝇，见第十一卷中。

《南史》：安成康王秀，字彦达，梁文帝第

七子也。性仁恕，喜怒不形于色。左右常以石掷杀所养鹄，齐帅请按其罪。秀曰："吾岂以鸟伤人。"在都旦临公事，厨人进食，误覆之，去而登车，终朝不饭，亦弗之诮也。

卷第十一

潘璋嗜酒　鲁望品茶

《吴志》：潘璋性博荡嗜酒，居贫，好赊酤，债家至门，辄言后豪富相还。后仕孙权，官至右将军。

唐陆龟蒙，字鲁望。嗜茶，置园顾渚山下，岁取租茶，自为品第。

士稚囊土　道济量沙

晋祖逖，字士稚。石季龙兵掠豫州，徙坞主陈川还襄国，留桃豹等守川故城，住西台。逖遣将镇东台。同一大城，贼从南门出入放牧，逖军门东开，相守四旬。逖以布囊盛土如米状，使千人运上台，又令数人担米，伪疲极而息于道，贼果逐之，皆弃担而走。贼既获米，谓逖士众丰饱，而胡戍饥久，益惧，无复胆气。石勒将刘夜堂运粮以馈桃豹，逖追，尽获之。又贺若敦亦聚土为米。见《北史》五十六卷中。

《南史》：檀道济宋元嘉中与魏三十余战多捷，军至历城，以资运竭乃还。时人降魏者具说粮罄，于是士卒忧惧，莫有固志。道济夜唱筹量沙，以所余少米散其上。及旦，魏军谓资粮有余，故不复追，以降者妄，斩之。时道济兵寡弱，乃命军士悉甲，身自服乘舆，徐出外围。魏军惧有伏，不敢逼，乃归。道虽克定河南，全军而反，雄名大振。魏甚惮之，以禳鬼。

楚王吞蛭　叔敖埋蛇

贾谊书曰：楚惠王食寒菹而得蛭，因遂吞之，腹有疾而不能食。令尹入问之，玉曰："我食寒菹而得蛭，念谴之而不行其罪，是法废而威不立；谴而行其诛，则庖宰、监食者法皆当死，心又弗忍。故吾恐蛭之见也，遂吞之。"令尹再拜，贺曰："王有仁德，病不为伤。是夕，王卧后而蛭出，故其久病心腹之积皆愈。又梁昭明太子萧统食中得蝇虫之属，密置柈边，恐人获罪，不令人知。"

埋蛇事见第八卷"叔敖阳报"注。

堙江张俭　障河武嘉

后汉张俭，字元节，延熹中为东部督邮。时中常侍侯览家在防东，残暴百姓，所为不轨。俭举劾览及其母罪恶，请诛之。览遏绝章表，并不得通。遂上书告俭与同郡二十四人为党，于是刊章讨捕。俭得亡命，困迫遁走，望门投止，莫不重其名行，破家相容。后流转东莱，止李笃家。因缘送俭出塞，以故得免。其所经历，伏重诛者以十数，宗亲并皆殄灭，郡县为之残破。及党事解，俭还乡里。论曰：张俭见怒时王，颠沛假命，天下闻其风者，莫不怜其壮志，而争为之主。至乃捐城委爵，破族屠身，盖数十百所，岂不贤哉！然俭以区区一掌，而独堙江、河，终婴疾甚之乱，多见其不知量也！

前汉哀帝崩，群臣欲举王莽为大司马，河武恐危社稷，举公孙禄。莽恶之。武遂见诬自杀。又哀帝时，封佞幸臣董贤为高安侯，王嘉切争为不可。帝大怒，系嘉狱中，不食呕血而死。赞曰：何武之举，王嘉之争，考其祸福，乃效于后。当王莽之作，内外咸服，董贤之爱，拟于亲戚，武、嘉区区，以一蒉障江河，用没其身。哀哉！

外明奇术　付琰县谱

《南史》：刘玄明，临淮人。有吏能，历山阴、建康令，政常为天下第一。傅琰子翙代玄明为山阴令，问玄明曰："愿以旧政告新令尹。"答曰："我有奇术，卿家谱所不载，临别当相示。"既曰："作县令唯日食一升饭而莫饮酒，此第一策也。"事见《傅琰传》中。

《南史》：傅琰父僧祐，山阴令，有能名。琰仕宋为武康令，迁山阴令，并著能名，二县皆谓之傅圣。既父子并著奇绩，时云诸傅有"理县谱"，子孙相传，不以示人。升明中，迁益州，近世罕有。

顾悌画棺　宣伯木主

《吴书》：顾悌，字子通，为吴偏将军。每得父向书，常洒扫，整衣，设几置书，拜跪读之，每句应诺，毕，后再拜。后父以寿终，悌饮浆不入口五日。不见父丧，常画壁作棺柩象，设神坐于下，对之哭泣，服未阙而卒。

晋李嗣，字宣伯。以祖敏乘舟浮海不知所终，设木主以事之。由是孝闻，仕至司徒。

乘船徽之　褰裳宣子

晋王徽之，字子猷，性卓荦不羁。常居山阴，夜雪初霁，月色清明，忽忆戴逵。逵时在剡，便夜乘小船诣之，经宿方至，造门不前而反。人问其故，徽之曰："本乘兴而行，兴尽而反，何必见戴安道耶!"

晋阮修，字宣子。性简任，不修人事。绝不喜见俗人，遇便舍去。意有所思，率尔褰裳，不避晨夕，至或无言，但欣然相对。常步行，以百钱挂杖头，至酒店，便独酣畅。虽当世富贵而不屑顾也。

推临必旱　嵩到即雨

《南史》：梁宗室萧推历淮南、晋陵、吴郡太守。所临必赤地大旱，吴人号为"旱母"。

后汉百里嵩为徐州刺史，州境遭旱，嵩行部

传车，所经即雨。东海金乡、祝其两县，僻在山间，嵩传驷不往，二县独不雨。父老干请嵩曲路到二县，入界即雨。

张华博物　刘杳综书

晋张华，字茂先。仕至宰相。晋武帝尝问汉宫室制度及建章千门万户，华应对如流，听者忘倦，画地成图，左右属目。时人比之子产。又雅爱书籍，天下奇秘，世所希有者，悉在华所。由是博物洽闻，世无与比。惠帝中，人有得鸟毛长三丈，以示华。华惨然，曰："此海凫毛也，出则天下乱矣。"陆机尝饷华鲊，华发器，曰："此龙肉也。以苦酒濯之，必有异。"既而五色光起。机还问鲊主，果云："园中茅积下得一白鱼，质状异，以作鲊，过美，故献。"武库封闭甚密，中忽闻有雉雊。华曰："必蛇化也。"开视，雉侧果有蛇蜕焉。吴郡临平岸崩，出一石鼓，槌之无声。帝以问华，华曰："可取蜀中桐材，刻为鱼形，扣之则鸣矣。"果然，声闻数里。初，吴之未灭也，斗牛之间有紫气，术者皆以吴方强盛，未敢图也，唯华以为不然。吴平，紫气愈明。乃荐雷焕为丰城令。焕掘狱地四丈余，得双剑，以南昌西山北岩下土拭剑，光芒艳发。遣使送一剑并土与华，留一自佩。华得剑，爱之。常置坐侧。以南昌土不如华阴赤土，报焕书："详观剑文，乃干将也，莫邪何复不至？虽然，神物终当合耳。"后华被诛，失剑所在。焕子华持剑行经延平津，剑亦跃出堕水。使人没水取，不见，但见两龙，蟠萦相合。华之博物多如此类，不可详载。

《南史》：刘杳，字士深，梁天监中，为宣惠豫章王行参军。博综群书，沈约、任昉以下每有遗忘，皆访问焉。约尝言宗庙牺樽："郑玄谓画凤皇尾婆娑然。今无复此器，则不依古。"杳曰："此言未必可安。古者樽彝皆刻木为鸟兽，凿顶及背以出内酒。魏时鲁郡地中得齐大夫子尾送女器，有牺樽作牺牛形。此皆古之遗器，知非虚也。"约又云："何承天《纂文》载张仲师及长颈王事，此何所出？"杳曰："仲师长尺二寸，唯出《论衡》。长颈是毗骞王，朱建安《扶南以南记》云：'古来至今不死。'"约即取二书寻检，果然。又任昉曰："酒有千日醉，当是虚言。"杳曰："桂阳程乡有千里酒，饮之至家而醉。亦其例。"昉大惊曰："吾自当遗忘，实不忆此。"杳曰："出杨元凤所撰《置郡事》。元凤是魏代人，此书仍载其赋'三重五品，商溪摎里'"。昉即检杨记，言皆不差。王僧孺被使撰谱，访杳血脉所因。杳曰："桓谭《新论》云：'太史《三代世表》旁行邪上，并效周谱。'以此而推，当起周代。”僧孺叹曰：“可谓得所未闻。”周舍又问杳：“尚书着紫荷橐，相传云挈橐，何得出？”杳曰：“《张安世传》曰：‘持橐簪笔，事孝武帝数十年。’注云：‘橐，囊也。簪笔以待顾问。’”范岫撰《字书言训》又访杳焉。仕至尚书左丞。

孚持帽酒　恪续题驴

《北史》：拓拔孚，字秀和。性机辨，好酒，貌短而秃。周文帝偏所眷顾，尝于室内置酒十瓶，瓶余一斛，上皆加帽，欲戏孚。孚适入室，见即惊喜：“吾兄弟辈甚无礼，何为窃入王室正坐相对？宜早还宅也。”因持酒归。周文拊手大笑。

《吴志》：诸葛恪，字元逊，父瑾面长似驴。孙权大会群臣，使人牵一驴入，长检其面，题曰诸葛子瑜。恪跪曰：“乞请笔益两字。”因续其下曰“之驴”。举坐欢笑，乃以驴赐恪。他日，权又问恪曰：“卿父与叔父孰贤？”对曰：“臣父为优。臣父知所事，叔父不知所事。”权又大噱。叔父谓蜀诸葛亮也。

马隆自任　龚遂无拘

晋马隆，字孝兴。武帝时，凉州刺史杨欣失羌戎之和。河西断绝，帝忧曰："谁能为我讨此虏通凉州乎?"隆曰："臣能平之。"帝曰："必能灭贼，何为不任，顾卿方略何如尔。"隆曰："陛下若能任臣，当听臣自任。臣请募勇士三千人，无问所从来，率之鼓行而西，丑虏何足灭哉!"帝乃以隆为武威太守。公卿皆曰："六军既众，州郡兵多，但当用之，不宜横设赏募以乱常典。"帝弗纳听。隆自至武库选杖。又给其三年军资。隆乃西渡温水，出敌不意。或夹道累磁石，贼负铁铠，行不得前，隆卒悉被犀甲，无所留碍，贼咸以为神。转战千里，杀伤以千计。帝闻之，抚掌欢笑。召群臣谓曰："若从诸卿言，是无秦凉也。"乃诏曰："其假节、宣威将军。"凉州遂平。

龚遂事见第六卷"单车化盗"注。

滥死高鼻　误杀无须

《晋·载记》：石鉴僭位，欲诛石闵、李农，不克，而闵、农等反。令城内曰："与官同心者住，不同心者各任所之。"敕城门不复相禁。于是赵人百里内悉入城，胡羯去者填门。闵知胡之不为己用也，班令内外赵人，斩一胡首送凤阳门者，文官进位三等，武职悉拜牙门。一日之中，斩首数万。闵躬率赵人诛胡羯，无贵贱男女少长皆斩之，死者二十余万。屯据四方者，所在承闵书诛之，于是高鼻多须至有滥死者半。

后汉灵帝崩，太后兄大将军何进与袁绍谋诛阉官，太后不从。后中常侍段珪等矫太后命，召进入议，遂杀之宫中。乱，绍遂勒兵捕诸阉人，无少长皆杀之。或有无须而误死者，至自发露形体而后得免。宦者或有行善自守而犹见及，其滥如此，死者二千余人。急迫珪等，珪等悉赴河死。

遐叔古文　皎然旧制

唐李华，字遐叔。文辞绵丽，少气宏杰，萧颖士健爽自肆，时谓不及颖士，而华自疑过之。因著《吊古战场文》，极思研榷，已成，污为故书。杂置梵书之庋。它日，与颖士读之，称工，华问："今谁可及？"颖士曰："君加精思，便能至矣。"华愕然而服。

唐《因话录》：吴兴僧昼，字皎然，工律诗，尝谒韦苏州应物，恐诗体不合，乃于舟中作古体十数篇为贽，韦公不称赏，昼极失望。明日，写旧制献之，韦大叹嗟，因语昼云："几至失声名，何不但以所工见投，而猥希老夫之意？人各有所长，非卒能致。"昼大服其精览。

乌赢谷量　桥桃钟计

《前汉书·货殖传》：乌氏赢以畜牧为主，及众，多则出卖之，求奇缯物，私献戎王。王十倍其偿，予畜，至用谷量牛马。谓数多不可计算，故以山谷多少言之。秦始皇令赢比封君。

又桥桃得恣塞上畜牧，以致马千匹，牛倍之，羊万口，粟以万钟计。万钟计者不论斗斛千万之数，每率举万钟而计之，谓多也。

武分肥广　包取荒废

后汉许武举孝廉，以二弟晏、普未显，欲令成名。于是共割财产以为三分，武自取肥田广宅奴婢强者，二弟所得皆悉劣少。乡人皆称弟克让而鄙武贪婪，晏等以此并得选举。后武治产所增，三倍于前，悉以推二弟，一无所留。于是远近称之。

后汉薛包，字孟尝。安帝时，笃行至孝，父母服除，弟子求财异居，包不能止，乃中分其财。奴婢引其老者，曰："与我共事久，若不能使也。"田庐取荒废者，曰："少时所理，意所恋也。"器物取朽败者，曰："吾素所服食，身口所安也。"弟子数破其产，辄复赈给。后召拜侍中。包性恬虚，称疾不起。

云抱刘禅　婴收孝惠

《蜀志》：赵云，字子龙。先主为曹公所迫于当阳长坂，弃妻子南走，云身抱弱子，即后主也，保护甘夫人，即后主母也，皆得免难。位至镇军将军。

前汉夏侯婴封滕公。初，从汉王击项羽。至彭城，羽大破汉军。汉王驰去。见孝惠、鲁元，载之。汉王急，马疲，跋两儿欲弃之，婴常收载，抱持而驰。汉王怒，欲斩婴者十余，卒得脱，而致孝惠、鲁元于丰。汉王既至荥阳，收散兵，复振，赐婴食邑沂阳。后惠帝及高后德婴之脱孝惠、鲁元于下邑间也，乃赐婴县北第第一，至文帝时为太仆，薨。

仲由拯溺　子贡赎人

《吕氏春秋》：子路救溺者，其人拜之以牛，子路受之，孔子曰："鲁人必拯溺矣！"

鲁国之法，鲁人有为臣妾于诸侯，有能赎之

者，取其金于府，子贡赎人而辞不取金，孔子曰："赐失之矣，自今以来，鲁人不赎矣。"

赵孝替弟　季江代兄

后汉赵孝，字长平。时天下乱，人相食。孝弟礼为饿贼所得，孝闻之，即自缚诣贼，曰："礼久饥羸瘦，不如孝肥饱。"贼大惊，并放之，令且归，将米糒来。孝求不能得，复往报贼，愿就烹。众异之，遂不害。

《谢承书》曰：后汉姜肱，字伯淮。与弟季江俱乘车行适野庐，为贼所劫其衣物，欲杀之。肱曰："弟幼，父母所怜，又未娶，愿自杀济弟。"季江曰："兄年德在前，国之英俊，乞自受戮代兄。"贼遂两释之。

野王相代　侯萱先经

前汉冯野王，字君卿，弟立字圣卿，皆奉世子也。立为五原太守，徙西河、上郡。居职公廉，治行略与兄野王相似，而多知有恩贷，好为条教。吏民嘉美野王、立相代为太守，歌之曰：

“大冯君，小冯君，兄弟继踵相因循，聪明贤智惠吏民，政如鲁、卫德化钧，周公、康叔犹二君。”

《南史》：夏侯夔中大通六年为豫州刺史，加督。豫州积岁连兵，人颇失业，夔乃率军人于苍陵立堰，溉田千余顷，岁收谷百余万石，以充储备，兼赡贫人，境内赖之。夔兄亶先经此任，至是夔又居焉，兄弟并有恩惠于乡里。百姓歌曰：“我之有州，频得夏侯。前兄后弟，布政优优。”

不易千驷　何假百城

《北史·儒林传》：刘昼，字孔昭，常自谓博物奇才，言好矜大。每言：“使我数十卷书行于后世，不易齐景之千驷也。”容止舒缓，终不仕，卒于家。

《北史》：李谧，字永和。初师事小学博士孔璠，数年后，璠还就谧请业。同门生为之语曰：“青成蓝，蓝谢青，师何常，在明经。”举辟皆不就。每曰：“丈夫拥书万卷，何假南面百城。”

彪之练仪　张说修史

《南史》：王维之曾祖彪之，晋尚书令。彪之博闻多识，练悉朝仪，自是家世相传，并谱江左旧事，缄之青箱，世谓之“王氏青箱学”。

唐张说，检校并州长史，兵军大使，修国史，敕赍稿即军中论撰。终位宰相。说尝典集贤图书之任，间虽致仕一岁，亦修史于家。

竹筒置书　木鹅论事

《隋史》：万岁善骑射，骁捷若飞。高智慧等作乱江南，以行军总管从杨素击之。万岁率众二千，自东阳别道而进。逾岭越海，攻陷溪洞不胜数。前后七百余战，转斗千余里，寂无声问者十旬，远近皆以万岁为没。万岁以水陆阻绝，使言不通，乃置书竹筒中，浮之于水。汲者得之，以言于素。素大悦，上其事。高祖嗟叹，赐其家钱十万，还拜左领军将军。

隋尧君素当大业之末，从屈突通拒义兵于河

东。时围甚急，行李断绝，君素乃为木鹅，置表于头，具论事势，浮之黄河，沿流而下。河阳守者得之，达于东都。越王侗见而叹息，密遣行人劳苦之。后隋亡，君素独无降心，为左右所害。

授周御盖　送绹莲炬

《吴志》：周泰，字幼平。时孙权兄策讨六县山贼，权住宣城，使士自卫，不能千人，而山贼千人卒至。权始得为上马，而贼锋刃交于左右，或斫中马鞍。惟泰奋击，投身卫权，胆气倍人。贼既散，身被十二创，良久乃苏。权后会诸将，自行酒到泰前，命泰解衣，权手自指其创痕，问以所起。泰辄记昔战斗处对，毕，使复服。明日，遣使者授以御盖。

唐令狐绹，字子直，为翰林学士。宣宗夜召与论人间疾苦，帝出《金镜》书曰："太宗所著也，卿为我举其要。"绹摘语曰："任贤，享天下之福；任不肖，罹天下之祸。陛下必欲兴王业，舍此孰先?"俄进承旨。夜对禁中，烛尽，帝以乘舆、金莲花炬送还，院吏望见，以为天子来。及绹至，皆惊。

木刻郅都　金铸郝玼

前汉景帝时，〔郅都〕为鸿门太守，匈奴素闻郅都节，居边，为引兵去境，郅都死不近雁门。匈奴至为偶人象郅都，令骑驰射莫能中，见惮如此。

唐郝玼在边积三十年，每讨贼，不持糗粮，取之于敌。获虏必刳剔而归其尸，虏大畏，道其名以怖啼儿。后赞普常等玼身铸金象，令于国曰："得生玼者，以金玼偿之。"朝廷畏失名将，徙为庆州刺史，卒。

卷第十二

阚泽儒学　桓荣帝师

《吴志》：阚泽，字德润，究览群籍，兼通历数，孙权拜为太子太傅。泽以经传文多，难得尽用，乃斟酌诸家，刊约礼文及诸注说以授二宫，为制行出入及见宾仪，每朝庭大议，经典所疑，辄咨访之。以儒学勤劳，封都乡侯。

后汉桓荣，字春卿。少习《欧阳尚书》，世祖时为太子太傅，后拜为太常。显宗即位，尊以师礼。每大射养老礼毕，辄引荣及弟子升堂，执经自为下说，乃封荣为关内侯，食邑五千户。

荀夺凤池　岑忧中书

晋荀勖，字公曾。武帝以公曾守尚书令。公曾久在中书，专管机事，及失之，甚罔罔怅怅。或贺之，公曾曰："夺我凤凰池，诸君贺我邪！"

唐岑文本，字景仁。太宗时为中书令，有忧

色，母问之，答曰：“非勋非旧，责重位高，所以忧也。”有来庆者，辄曰：“今日有吊不受贺。”

执刀孙婢　读书郑奴

《蜀志》：先主为荆州牧，孙权稍畏之，以妹妻先主。妹才捷刚猛，有诸兄之风，侍婢百余人，皆亲执刀侍立，先主每入中，心常凛凛。

《世说》：郑玄家奴婢读书。玄常使一婢，不称旨，将挞之，方自陈说，玄怒，使人拽着泥中。须臾，复一婢来，问曰：“胡为乎泥中？”答曰：“薄言往愬，逢彼之怒。”

诫子如龙　愿儿师徐

后汉马援，字文渊，为伏波将军。初，兄子严、敦并喜讥议，而通轻侠客。援前在交阯，还书诫之曰：“吾欲汝曹闻人过，如闻父母之名，耳可得闻，口不可得言也。龙伯高敦厚周慎，口无择言，谦约节俭，廉公有威，吾爱之重之，愿汝曹效之。杜季良豪侠好义，忧人忧，乐人乐，清浊无所失，父丧致客，数郡毕至，吾爱之重之，不愿汝曹效之。效伯高不得，犹为谨敕之士。效季良不得，陷为天下轻薄子。讫今季良尚未可知，是以不愿子孙效也。”

《魏志》：王昶，字文舒，明帝时为扬烈。尝为书诫其子及其兄子，曰：“吾与时人从事，虽出处不同，然各有所取。颍川郭伯益，好尚通达，敏而有智。其为人弘旷不足，轻贵有余；得其人重之如山，不得其人忽之如草。吾所以知亲之昵之，不愿儿子为之。北海徐伟长，不治名高，不求苟得，淡然自守，惟道是务。其有所是非，则托古人以见意，当时无所褒贬。吾敬之重之，愿儿师之。东平刘公干，博学有高才，诚节有大意，然性行不均，少所拘忌，得失足以相补。吾爱之重之，不愿儿子慕之。乐安任昭先，淳粹履道，内敏外恕，推逊恭谦，处不避污，怯而义勇，在朝忘身。吾友之善之，愿儿子遵之。”

奕琛二方　诸葛三国

燕梁琛使秦，琛从兄奕先在秦，为尚书郎。会罢，秦王欲令琛止奕舍。琛语有司曰：“昔诸葛亮兄弟各处三国，及其聘集公朝，相见退无私面，君子之志，余敢忘乎！”终不止。奕数就邸舍，因问东国起居，琛曰：“今二方鼎据，兄弟并蒙附宠，论心各有所在。今欲以东国事语君，恐非西国之所欲闻，何以见问?”（按：此处燕、秦指北燕、西秦。）

三国时诸葛瑾仕吴，弟亮仕蜀，俱有功。从弟诞仕魏，后以兵反，见诛。时人谓：“蜀得龙，吴得虎，魏得狗。”以此定其优劣云。

陆逊调度　荀攸算策

《吴志》：陆逊，字伯言。时刘备率大众来向西界，孙权命逊为大都督、假节，督朱然与孙桓等五万人拒之，备欲挑战。诸将皆欲击之，逊曰：“此必有谲，且观之。”备知其计不可，乃伏兵八千，从谷中出。逊曰：“备是猾虏，更尝事多，其军始集，思虑精专，未可干也。今住已久，不得我便，兵疲意沮，计不复生，掎角此寇，正在今日。”先攻一营，不利。诸将皆曰：“空杀兵耳。”逊曰：“吾已晓破之之术。”乃敕各持一把茅，以火攻拔之。一尔势成，通率诸军同时俱攻，破其四十余营。备将杜路、刘宁等穷逼请降。备升马鞍山，陈兵自绕。〔逊〕督促诸军四蹙之，土崩瓦解，死者万数。备仅得入白帝城。其舟船器械，水步军资，一时略尽，尸骸漂流，塞江而下。备大惭恚。初，孙桓别讨备前锋于夷道，为备所围，求救于逊。逊曰："未可。"诸将曰："孙安东公族，见围已困，奈何不可救？"〔逊曰："待吾计展，欲不救安东，〕安东自解。"及才略大施，备果崩溃。桓后见逊曰："前实怨不见救，至今日，乃知调度自有方耳。"

《魏志》：荀攸，字公达。太祖素闻其名，召与语大说，曰："公达，非常人也，吾得与之计事，天下当何忧哉！"以为军师。〔太祖表封攸曰：〕"自初佐臣，无征不从，前后克敌，皆攸之谋也。"太祖征伐，常谋谟帷幄，时人及子弟莫知其所言，评曰：荀攸素来算无遗策，其良、平之亚欤！

昭悲失屦　犯哭弃席

贾谊书曰：楚昭王与吴战。楚军败，昭王失屦履，已行三十步而还取之。左右曰："何惜此？"王曰："楚国虽贫，岂爱一踦屦战？悲不与之俱反也。"自是楚国之俗无相弃者。

《杂记》：晋文公至河，席蓐捐之，咎犯哭曰："席蓐所卧也，而君弃之，臣不胜哀。"

翟公交情　孟尝好客

《史记》：太史公曰：下邽翟公为廷尉，宾客阗门；及废，门外可设雀罗。翟公复为廷尉，宾客欲往，翟公乃大题其门曰："一死一生，乃知交情。一贫一富，乃知交态。一贵一贱，交情乃见。"

《史记》：田文，齐封为孟尝君，食客数千人。及见废，诸客皆去。后召而复其相位。孟尝君谓冯驩曰："文常好客，遇客无所敢失，客见文一日废，皆背去，莫顾文者。今复位，客亦何面目复见文乎？"冯驩曰："富贵多士，贫贱寡友，事之固然也。愿君遇客如故。"孟尝君曰："敬从命矣。"

优孟讽谏　那律直言

《史记》：优孟者，故楚之乐人也。常以谈笑讽谏。楚庄王有爱马死，以棺椁大夫礼葬之。左右争之，不听。优孟请以人君礼葬之："雕玉为棺，文梓为椁，庙食太宰，奉以万户之邑。使诸侯闻之，皆知大王贱人而贵马也。"王曰：

"寡人之过一至此乎！奈何?"优孟曰："请以六畜葬之。以垅灶为椁，铜鬲为棺，齑以姜枣，荐以木兰，祭以粳稻，衣以火光，葬之于人腹肠。"于是王乃以马属太官，无令天下久闻也。

《唐书·儒学传》：谷那律迁谏议大夫，从太宗出猎，遇雨沾渍，问曰："油衣若为而无漏耶?"曰："以瓦为之，当不漏。"帝悦其直，赐帛二百段。

荀息谏晋　子瑜喻权

《说苑》：晋灵公造九层台，费用千亿，谓左右曰："敢有谏者，斩!"荀息曰："臣不敢谏也。臣能转十二博棋加九鸡子于其上，即其棋子置下、加鸡子于其上。"灵公曰："危哉!"荀叹息曰："复有危于此者。九层之台，三年不成，男不得耕，女不得织，国用空虚，户口减少，吏人叛之，邻国谋议将兴兵矣。"公乃坏台。

《吴志》：诸葛瑾，字子瑜，为孙权长史，转中司马。与权淡说谏喻，未尝切愕，微见风彩，粗陈指归，如有未合，则舍而及他，徐复托事造端，以物类相求，于是权意往往而释。后官至大将军。

周颙葵蓼　师正松泉

《南史》：周颙为齐文惠太子中军录事参军。后为始兴王前军咨议，直侍殿省。于钟山西立隐舍，休沐则归之。清贫寡欲，终日长蔬，虽有妻子，独处山舍。卫将军王俭问曰：“卿山中何所食?”曰：“赤米白盐，绿葵紫蓼。”文惠太子问颙菜食何味最胜，颙曰：“春初早韭，秋末晚菘。”

《唐书·隐逸传》：潘师正为道士，居逍遥谷。高宗幸东都，召见，问所须，对曰：“茂松清泉，臣所须也，既不乏矣。”帝尊异之。年九十八卒。

王言除刘　张请诛安

《晋记》：刘元海，匈奴人。齐王攸见之，言于武帝曰：“陛下不除刘元海，臣恐并州不得久宁。”王浑曰：“元海长者，浑为君王保明之。”至惠帝时，元海果为乱，僭位，遂号前赵。

唐张九龄开元中为相，时安禄山初以范阳偏校入奏，气骄蹇，九龄曰：“乱幽州者，此胡雏也。”及禄山讨奚、契丹败，张守珪执如京师，九龄曰：“禄山狼子野心，有逆相，宜即事诛之，以绝后患。”帝曰：“卿无以王衍知石勒而害忠良。”卒赦之。后禄山果为乱。帝在蜀，思九龄忠，为泣下，遣使祭于韶州，厚币恤其家。按晋王衍见石勒亦曰：“此胡雏将为天下之患。”

刘畴吹笳　越石清啸

晋刘畴，字王乔。曾避乱坞壁，贾胡百数欲害之，畴无惧色，援笳吹之，为出塞、入塞之声，以动其游客之思。于是群胡泣去。

晋刘琨，字越石。在晋阳，尝为胡骑所围数重，城中窘迫无计，琨乃乘月登楼清啸，贼闻之，凄叹。中夜奏胡笳，贼又流涕歔欷，怀土。向晓复吹，贼弃围而走。

兄弟祸难　父子忠孝

《南史·孝义传》：刘沨，字处和，为齐始

安王遥光咨议，后求出为丹阳丞。东昏时遥光虑见杀，遂举事，召沨，又召骁骑将军垣历生，与沨俱劝遥光令率城内兵夜攻台。不见纳，及遥光败，沨静坐围舍。弟濂为度支郎亦奔亡，遇沨仍不复肯去。沨曰："吾为人作吏，自不避死，汝可去，无相守同尽。"答曰："向若不逢兄，亦草间苟免，今既相逢，何忍独生。"因以衣带结兄衣，俱见杀。何胤闻之叹曰："兄死君难，弟死兄祸，美哉。"

晋卞壶，字望之。时苏峻起兵进攻青溪，壶与诸军拒击，不能禁。贼放火烧宫寺，六军败绩。壶时发背创，犹未合，力战，遂死之。二子眕、盱见父殁，相随赴贼，同时见害。眕母裴氏抚二子尸哭曰："父为忠臣，汝为孝子，夫何恨乎！"翟汤闻之叹曰："父死于君，子死于父，忠孝之道，萃于一门。"

朱伺接鋋　敬德奔矟

晋朱伺，字仲文。为广威将军。时郑攀、马俊等来攻垒，陷北门，伺被伤退入船。既入，贼举鋋摘伺，伺逆接得鋋，反以摘贼。贼走上船屋，大唤云："贼帅在此！"伺从船底沉行五十步，乃免也。

唐尉迟敬德善战能避矟，每单骑入贼，虽群刺之不能伤，又能夺取贼矟还刺之。齐王元吉使去刃与之校，敬德请王加刃，而独去之，卒不能中。太宗尝曰：“夺矟与避矟孰难?”对曰：“夺矟难。”试使与齐王戏，少选，王三失矟，遂大愧服。

寇贾相解　周程不校

后汉寇恂为颍川太守，执金吾贾复部将杀人于颍川，恂戮之。复以为耻。还过颍川，曰：“令见恂，必手剑之!”恂闻，不与相见。曰：“昔蔺相如不畏秦王而屈于廉颇者，为国也。吾安可忘之乎?”光武乃召恂与复相解，结友而去。

周瑜、程普皆为吴孙权将。《江表传》：曰：“普颇以年长，数凌侮瑜。瑜折节容下，终不与校。普自敬服。”

紫芝眉宇　季真风流

唐元德秀，字紫芝，质厚少缘饰，为鲁山令。所得俸禄，悉衣食人之孤遗者。岁满，笥余一缣，驾车而去。爱陆浑山，乃定居。不为墙垣扃钥，家无仆妾。岁饥，日或不爨。嗜酒，陶然弹琴以自娱。房琯每见，叹曰："见紫芝眉宇，使人名利之心都尽。"苏源明曰："吾不幸生衰俗，所不耻者，识元紫芝也。"

唐贺知章，字季真，性旷夷，善谈说。陆象先曰："季真清淡风流，吾一日不见，则鄙吝生矣。"玄宗时，仕至秘书监。

后汉黄宪，字叔度。陈蕃尝谓曰："期月不见叔度，则鄙吝之萌复存于心。"

削稿戴胄　焚章马周

唐戴胄事太宗，终吏部尚书，所敷纳，缘政得失，咸有可观。奏已，则削稿，秘外莫知。帝尝谓左右曰："胄于我非肺腑亲，然事之机切无不闻，惟其忠概所激耳。”

唐马周，字宾王。病消渴，疾甚，取所上章奏悉焚之，曰：“管、晏暴君之过，取身后名，吾不为也！”

悉陵搏兽　许褚曳牛

《北史》：何悉陵年十七岁从太武猎，逐一猛兽，陵遂空手搏之以献，帝曰：“汝才力绝人，当为国立功，立事勿如此也。”后从平凉州，以勇力，帝壮之，拜都幢将既阳子，卒。

《魏志》：许褚，字仲康，长八尺余，腰大十围，勇力绝人。汉末，坚壁御寇，时汝南葛陂贼万余人攻褚壁，褚众少粮乏，伪与贼和，以牛与贼易食，贼来取牛，牛辄奔还。褚乃出阵前，一手逆曳牛尾，行百余步。贼惊，不敢取牛而走。由是人皆惮之。后归魏太祖。人称“虎侯”，或号“虎痴”，以褚力如虎而痴也。

郑浑平贼　张敞责酋

《魏志》：郑浑，字文公，魏太祖时，迁左冯翊。时梁兴等为寇抄，诸县不能御，皆恐惧，寄治郡下。议者以为当移就险，浑曰："兴等破散，窜在山阻。虽有随者，率胁从耳。"乃聚敛吏民，治城郭，为守御之备。遂发民逐贼，明赏罚，与要誓，其所得获，十以七赏。百姓大悦，皆愿捕贼，多得妇女、财物。贼之失妻子者，皆还求降。浑责其得他妇女，然后还其妻子，于是转相寇盗，党羽离散。又遣吏民有恩信者，分布山谷告喻，出者相继，乃使诸县长吏各还本治以安集之。兴等及其支党遂败。后又讨靳富等贼。由是山贼悉平。

前汉张敞，字子高。宣帝时为胶东相，设购赏，开群盗令相捕斩除罪。吏追捕有功，上名尚书调补县令者数十人，由是盗贼解散，转相捕斩，国中遂平。后守京兆尹。长安市偷盗尤多，百贾苦之。敞乃召偷盗酋长数人，见之责问，因贳其罪，令致诸偷以自赎。偷长曰："今一旦召诣府，恐诸偷惊骇，愿权补吏职。"敞皆以为吏，遣归休。置酒，小偷悉来贺，且饮醉，偷长以赭污其衣裙。赭，赤土也。吏坐里闾阅出者，污赭辄收缚之，一日捕得数百人。尽行法罚。由是市无偷盗，天子嘉之。

渠牟偏任　王伾亵宠

唐韦渠牟为人佻躁，以憸巧中德宗意。权侔人主。召崔芊于茅山，起郑随布衣至补阙，引醴泉令冯伉为给事中、太子侍读。帝既偏于任听，士之浮竞甘进者争出其门，赫然势焰可炙。

唐王伾以书待诏翰林。顺宗立，迁左散骑常侍、待诏。伾本阘茸，貌遳陋，楚言，无它大志，帝亵宠之，不如叔文任气好言事，为帝所礼。至出处，又不及伾之无间也，叔文入止翰林，而伾至柿林院，见牛昭容等。当其党盛，门皆若沸羹。

社稷蒋琬　别驾庞统

《蜀志》：蒋琬，字公琰，以州书佐随先主入蜀，除广都长。先主因游观奄至广都，见琬众事不理，时又沉醉，大怒，将加罪戮。诸葛亮请曰："蒋琬，社稷之器，非百里才也。其为政以安民为本，不以修饰为先，愿察之。”先主乃不加罪，但免官。后事后主，官至大司马。

《蜀志》：庞统，字士元。先主领荆州，统以从事守耒阳令，在县不治，免官。吴将鲁肃遗先主书曰：“庞士元非百里才也，使处治中、别驾之任，始当展其骥足耳。”诸葛亮亦言之先主，先主见与善谈，大器之，以为治中从事。

素屏赐玠　白扇饷孔

《魏志》：毛玠，字孝先，少为县吏，以清公称。后为太祖东曹掾，以俭率人。太祖平柳城，班所获器物，特以素屏风、素屏几赐玠，曰：“君有古人之风，故赠君古人之服。”

《南史》：孔灵产，宋泰始中罢晋安太守，有隐遁之志。元徽中，为中散大夫，颇解星文，好术数。齐高帝辅政，沈攸之起兵，灵产白高帝曰：“攸之兵众虽强，以天时冥数而观，无能为也。”高帝验其言，擢迁光禄大夫，以簏盛灵产上灵台，令其占候。饷之白羽扇、素隐几，曰：“君有古人之风，故赠君古人之服。”当世荣之。

毁君为功　结袜取重

《战国策》：孟尝君奉夏侯章以驷马百人之食，遇之甚欢。夏侯章每言常毁孟尝君。孟尝君怪之。夏侯章曰："孟尝君重非诸侯也，而奉我以驷马百人之食。我无分寸之功而得此，然吾毁君以为功也。君所以得为长者，以吾毁之也。"

前汉张释之，字季，文景帝时为廷尉。有王生者，善为黄老言，处士。尝召居廷中，公卿尽会立，王生老人，曰："吾袜解。"顾令释之结之。释之跪结既已，人或责王生："独奈何廷辱廷尉？"王生曰："吾老且残，自度终无益于张廷尉。廷尉方天下名臣，故吾聊使结袜，欲以重之。"诸公闻之，贤王生而重释之。

卷第十三

唐明友悌　汉文不容

唐玄宗为太子，常制大衾长枕与诸王共之，谓之“五王被”。时登楼闻诸王作乐，必亟召开楼与同榻坐，或就幸第赋诗燕嬉，赐金帛侑欢。世谓“天子友悌，古无有者”。又书赐兄宪等曰：“魏文帝时，诗云身体生羽翼，宁如兄弟天生之羽翼乎？顷，因暇选仙得神方，云饵之必寿，今持此药，愿与兄弟共之。”

前汉孝文即位时，高帝子惟孝文与淮南厉王长在。而厉王自以为最亲，骄蹇，数不奉法。上宽赦之。后终得罪，赦死，废处蜀严道邛邮，乃遣长，载以辎车，王乃不食而死。上闻之悲哭。民歌曰：“一尺布，尚可缝；一斗粟，尚可舂。兄弟二人，不相容！”刺上不能以衣食与兄弟共之也。

成回尝敬　机汜甚恭

《说苑》：成回学于子路三年，恭敬不已，子路问其故。对曰："回闻之，行者比于鸟，上畏鹰鹯，下畏网罗；夫人为善者少，为谗者多，若身不死，安知祸罪不施。行年七十，常恐行节之亏，回是以恭敬待天命。"子路稽首曰："君子哉！"

《说苑》：鲁有恭士名机汜，行年七十，甚恭，冬日行阴，夏日行阳，市次不敢行参，行必随，坐必危，食之间，三起不羞，见衣裘褐之士则为之礼。鲁君闻之，对曰："君子好恭以成其名，小人学恭以除其形，坐尚有差跌；食尚有哽噎；鸿鹄高飞，矰缴尚加之；虎豹为猛，人犹食其肉，席其皮；誉人者少，恶人者多，年七十，常恐斧质之加于汜者，何释为恭？"

云闻拜相　舒知为公

《南史》：范云，字彦龙。尝与梁武同宿顾暠之舍，暠妻方产，有鬼在外曰："此中有王有相。”云起曰：“王当仰属，相以见归。”后武帝即位，拜云为仆射。

晋魏舒，字阳元。尝诣野王，主人妻产，俄而闻车马之声，相问曰：“男也，女也？”“男，书之，十五以兵死。”复问：“寝者为谁？”曰：“魏公舒。”后十五载，诣主人，问所生儿何在，曰：“因条桑为斧伤而死。”舒自知当为公矣。后果然。又曹魏时，华歆亦然。

劭责厨人　臻呼仪同

隋王劭，字君懋。齐时为太子舍人。自志学，及老，笃好经史，遗落世事。用思既专，性颇恍惚，每至对食，闭目凝思，盘中之肉，为仆从啖。劭弗之觉，惟责肉少，数罚厨人。厨人以情白劭，劭复闭目，伺而获之，厨人方免笞辱。其专固如此。仕至秘书少监。

隋刘臻，高宗时进位仪同三司。无吏干，又性恍惚，耽悦经史，终日覃思，至于世事，多忘。有刘讷者，亦任仪同，俱为皇太子学士，臻尝欲寻讷，谓从者曰：“汝知刘仪同家乎？”从者谓臻欲还家，于是还家，既扣门，臻谓至讷家。乃据鞍呼：“刘仪同！”其子迎门，答曰：

“此是大人家。”于是顾眄久之，方悟，叱从者曰：“吾欲造刘讷耳！”然精于《两汉书》，时人称为“汉圣”。

辛勉引药　李业饮毒

晋辛勉，字伯力。怀帝时为侍中。及洛阳陷，刘聪将立为光禄大夫，勉不受，聪乃遣乔度赍药酒逼之，勉曰：“大丈夫岂以数年之命而亏高节，事二姓哉！”引药将饮，度遽止之曰：“主上相试耳，君真高士也！”

后汉李业，字巨游，隐迹王莽之世。及公孙述僭号，欲召为博士，业称疾不起。述羞不致之，乃使尹融持毒酒以劫之。业辞志不屈，遂饮毒而死。蜀平，光武下诏表其闾。

王述掷卵　谢密投局

晋王述，字怀祖。性急，尝食鸡子，以箸刺之，不得，大怒掷地。鸡子圆转不止，下床以屐齿踏之，又不得。乃内口中，啮破吐之。既跻重位，每以柔克为用。谢奕性粗，尝忿述，极言骂之。述不应，面壁居半日，奕去，始复坐。人以此称之。

《南史》：谢密，字弘微，宋文时为侍中。宽博，无喜怒。末年与友人棋，友人西南棋有死势，复一客曰："西南风急，或有覆舟者。"友人悟，乃杀之。密大怒，投局于地。识者知其暮年之事，果以其岁终。

尔敞易衣　林卿变服

隋尔朱敞，即尔朱荣族子也。齐武帝韩陵之捷，尽诛尔朱氏，敞小，随母养于宫中。及年十二，自窦而走至大街，见童儿群戏者，敞解所着绮罗金翠之服，易衣而遁。追骑寻至，便执绮衣儿。比究问知非，会日暮，由是得免。遂入村，哀投长孙氏家，藏于复壁。三年，又购急，乃诈为道士，变姓，隐嵩山。后归周太祖。至隋文时，封边城郡公，卒。

前汉邛成太后外家王氏贵，而侍中王林卿通轻侠，倾京师，后坐法免。又杀婢婿埋长陵冢舍，长陵令何并恐其为变仇，兵马以待之。并自追行数十里，林卿迫窘，乃令奴冠其冠，被其襜褕自代，乘车从童，其身变服从间径驰去。并心知己失林卿，乃断奴头以为林卿。林卿因亡命。后成帝太后以邛成太后爱林卿，闻之，涕泣，为言哀帝。哀帝问状而善何并。邛成即宣帝王皇后也。

昇叹白须　备悲髀肉

《五代史》：南唐李昇，字正伦，杨溥僭号，拜昇太尉、中书令。太和三年出镇金陵，四年封东海郡主。昇照镜见白须，顾其吏周宗叹曰："功业已就，而吾老矣，奈何?"宗知其意，驰诣广陵见宋齐丘，谋禅代。齐丘以为未可，请斩宗以谢吴人，昇黜宗为池州刺史。至天祚三年，杨溥遂传位于昇。

《九州春秋》曰：刘备住荆州数年，尝于刘表坐，起至厕所，见髀里肉生，慨然流涕。还坐，表怪问之，对曰："平常身不离鞍，髀肉皆消，今不复骑，髀里肉生。日月若驰，老将至矣，而功业不建，是以悲耳!"

赵襄赏赫　晋文次狐

《说苑》：赵襄子见围于晋阳，罢围，赏有功之臣五人，高赫无功而受上赏，五人皆怒。襄子曰："吾在拘厄之中，不失臣主之礼者唯赫也。子虽有功，皆骄寡人。"仲尼闻之曰："赵襄子善赏士乎！赏一人而天下之人臣莫敢失君臣之礼矣。"

《说苑》：晋文公亡时，陶叔狐从，文公反国，行三赏而不及陶叔狐，叔狐见咎犯曰："吾从君而亡十有三年，颜色黎黑，手足胼胝，今君忘我欤！"咎犯以告，文公曰："我岂忘是子哉！夫以道德使我为成人者，上赏也；以礼义使我不为非者，次赏也；勇壮强御，免我于患难之中者，又次赏之。三行之，而后劳苦之士次之，则是子为首矣。"周内史叔舆闻之曰："文公其霸乎！昔圣王先德而后力，文公当之矣。"

代作帝师　袭为名儒

范晔《后汉书》论曰：伏生自东西京相袭

为名儒，以取爵位。中兴而桓氏尤盛，自荣至典，世宗其道，父子兄弟代作帝师，受其业者皆至卿相，显于当世。伏氏谓伏生以后至伏湛也。桓氏谓桓荣及子郁、郁子桓焉、孙桓典皆传家业。

世南写传　蒋乂诵图

唐虞世南善书，帝尝命写《列女传》于屏风，于时无本，世南暗疏之，无一字谬。

唐蒋乂进司勋员外郎，宪宗尝登凌烟阁，视左壁颓剥，题文漫缺，行才数字，命录以问宰相，无能知者。遽召乂至，答曰："此圣历中侍臣图赞。"帝前口以诵补，不失一字。帝叹曰："虽虞世南默写《列女传》，不是过也。"

旷见奥境　徐知真师

唐徐旷，字文远，贫不能自给。兄文林鬻书于肆，文远日阅之，因博通六经，明《左氏春秋》。时耆儒沈重讲太学，授业常千人，文远从之质问，不数日辞去。或问其故，曰："先生所说，纸上语耳。若奥境，彼有所未见者，尚何观?”重知其语。召与反复研诘，嗟叹其能。

《北史》：徐遵明，字子判，幼孤，好学，师王聪，受《毛诗》《尚书》《礼记》。一年，便辞去。又师张吾贵，数月，乃私谓友人曰：“张生名高而义无检格，凡所讲说，不惬吾心。请更从师。”遂与田猛略就孙买德。受业一年，后欲去之。猛略曰：“君年少于师，每不终业，如此用意，终恐无成。”遵明乃指其心曰：“吾今知真师所在矣，正在于此。”后教授门徒，海内莫不宗仰。

承宫推采　子干与稻

后汉承宫，字少子。尝避乱汉中，后与妻子之蒙阴山耕种。禾黍将熟，有人认之者，宫不与计，推之而去，由是显名。仕至侍中。

《吴志》：钟离牧，字子干。少居永兴，躬自垦田。种稻二十余亩，临熟，县民认之。牧曰：“本以田荒，故垦耳。”遂以稻与县民。县长闻之，召民系狱，欲绳以法，牧力救之，民乃获免。民遂舂稻米得六十斛还牧，牧闭门不受。

朱伺能忍　元璹折诮

晋朱伺，字仲文，有武勇。时西阳夷贼抄掠江夏，太守杨珉每请督将议拒贼之计，伺独不言。珉曰："朱将军何以不言？"伺曰："诸人以舌击贼，伺唯以力耳。"珉又问："将军前后击贼，何以每得胜邪？"伺曰："两敌共对，惟当忍之。彼不能忍，我能忍，是以胜尔。"珉大笑。后以讨贼累加功至广威将军。

唐郑元璹，字德芳。突厥提精骑数十万，自将攻太原，诏元璹持节往劳。既至，虏以不信咎中国，元璹随语折诮，无所屈，乃数其背约，颉利愧服，引还。太宗赐书曰："知公口伐，可汗〔如约〕，遂使边火息燧，朕何惜金石赐于公哉！"

效泰折巾　慕信侧帽

后汉郭泰，字林宗，性明知人，好奖训士类。尝于陈梁间行遇雨，巾一角垫，时人乃故折巾一角，以为"林宗巾"。其见慕如此。

《北史》独孤信，周文时为秦州刺史，在州事无拥滞。示以礼教，劝以耕桑，数年之中，公私富实，流人愿附者数万家。周文大信任之。尝因猎日暮，驰马入秦州城，其帽微侧，诘旦而吏人有戴帽者，咸慕信而侧焉。其为邻境及士庶所重如此。

庾衮过恭　刘琎立操

晋庾衮，字叔褒，事亲以孝称。常躬亲稼穑，以给供养，与弟子植篱，跪以授条。或曰："今在隐屏，先生何恭之过？"衮曰："幽显易操，非君子之志也。"及麦熟，获者已毕，而采捃尚多，衮引其群子以退，曰："待其间。"及其捃也，不曲行，不旁掇，跪而把之，则亦大获。又与邑人入山拾橡，分夷险，序长幼，推易居难，礼无违者。后举孝廉、秀才、清白异行，皆不就。

《南史》：刘琎与友人孔澈同舟入东，澈留目观岸上女子。琎举席自隔，不复同坐。兄瓛夜隔壁呼琎，琎不答，方下床着衣立，然后应。瓛怪其久，琎曰："向束带未毕。"其立操如此。

周兴大瓮　元礼铁笔

唐周兴者，万年人。少习法律，为秋官侍郎，屡决刑狱，文深峭，妄杀数千人。后有人告兴与丘神勣谋反，诏来俊臣鞫状。初，兴未知被告，方对俊臣食，俊臣曰："囚多不服，奈何?"兴曰："易耳，内之大瓮，炽炭周之，何事不承。"俊臣乃命取瓮炽火，徐谓曰："有诏按君，请尝之。"兴叩头伏罪。诏诛神勣而宥兴岭表，在道为仇人所杀。

唐酷吏索元礼，胡人也。武后时，上书言急变，召对，擢游击将军，为推使。即洛州牧院为制狱，作铁笼鞶囚首，加以楔，至脑裂死。后以苛猛，复受赇，收下吏，不服，曰："取公铁笼来!"元礼乃服罪，死狱中。

戎峤悴貌　良伯毁容

晋王戎为吏部尚书，以母忧去职。性至孝，不拘礼制，饮酒食肉，或观弈棋，而容貌毁悴，杖然后起。时和峤亦居父丧，以礼法自持，量米而食，哀毁不逾于戎。帝谓刘毅曰："和峤毁顿过礼，使人忧之。"毅曰："峤虽寝苫食粥，乃生孝耳。至于王戎，所谓死孝。"

后汉戴良，字叔鸾。母卒，兄伯鸾居庐啜粥，非礼不行，良独食肉饮酒，哀至乃哭，而二人俱有毁容。或问："子之居丧，礼乎？"良曰："礼所以制情佚也，情苟不佚，何礼之论！夫食旨不甘，故致毁容之实。若味不存口，食之可也。"论者不能夺之。后不仕，以寿终。

杨收辨角　承胃知宫

唐杨收，字藏之。耕涔阳得古钟，高尺余，收扣之，曰："姑洗角也。"既刮拭，有刻在两栾，果然。懿宗时为相，后以罪贬死。

唐李嗣真，字承胄。高宗时为大常丞。太常缺黄钟，铸不能成，嗣真居崇业里，疑土中有之，弗得其所。道上逢一车，有铎声甚厉，嗣真曰："宫声也。"市以归，振于空地，若有应者，掘之得钟，众乐遂和。

神竭于颂　精尽于弓

唐崔融，字安成。武后时授国子司业。为文华婉，当时未有辈者。朝廷大笔，多手敕委之，其《洛出宝图颂》尤工。撰《武后哀册》最高丽，绝笔而死，时谓思苦神竭云。

阙子曰：宋景公使弓工为弓，九年来见。公曰："为弓亦迟。"对曰："臣之精尽于弓矣。"献弓而归，三日而死。公张弓登台东西而射矣，逾孟霜之山，集彭城之东，其余力逸劲，饮羽于石梁。

刘词枕戈　陶侃运甓

《五代史》：刘词，字好谦，以功迁沁州团练使。徙房州，岁余，为政不苛挠，人颇便之。居暇日，常披甲枕戈而卧，谓人曰："我以此取富贵，岂可一日辄忘之。且人情易习，若一堕其筋力，有事何以报国乎？"历仕唐、晋、汉，周世宗时卒。

晋陶侃，字士行。以功封柴桑侯。在州无事，辄朝运百甓于斋外，暮运于斋内。人问其故，答曰：“吾方致力中原，过尔优逸，恐不堪事。”其励志勤力，皆此类也。

阮咸莫辨　錞于罕识

唐元澹，字行冲，进太常少卿。有人破古冢得铜器似琵琶，声正圆，人莫能辨。行冲曰：“此阮咸所作器也。”命以木弦之，其声亮雅，乐家遂谓之“阮咸”。

《北史》：斛斯征，字士亮，博涉群书，兼解音律。乐有錞于者，近代绝此器，或有自蜀得之，皆莫之识。士亮见之曰：“此錞于也。”众弗信，士亮遂依干宝《周礼注》，以芒筒捋之，其声极清，众乃叹服。士亮仍取以合乐焉。仕周，拜司乐下大夫。

何知铜斗　澄明服匿

《南史》：何承天博览古今，为一时所重。张永开玄武湖过古冢，冢上得一铜斗，有柄。文帝以访朝士。承天曰："此亡新威斗。王莽三公亡，皆赐之。一在冢外，一在冢内。时三台居江左者，唯甄邯为大司徒，必邯之墓。"时帝每有疑义，必先访之。

《南史》：陆澄，字彦深，为国子祭酒。竟陵王子良得古器，小口方腹，而底平可容七八升，以问澄。澄曰："此名服匿，单于以与苏武。"子良详视器底有字，仿佛可识，如澄所言。

倣还厨梅　玭纳廨橘

唐萧倣为岭南节度使，南方珍贿丛伙，不以入门。家人病，取槁梅于厨以和剂，倣知，趣市还之。

唐柳玭为岭南节度副使，廨中橘熟，既食，乃纳直于官。

卷第十四

项羽破釜　孟明焚舟

《史记》：楚怀王使项羽为将军伐秦。羽引兵渡河，皆沉船，破釜甑，烧庐舍，持三日粮，以示士卒必死，无一还心。于是大破秦军。

《史记》：秦穆公三十三年，使孟明视等袭郑侵晋。晋襄公发兵遮秦兵于殽，击之，大破秦军。孟明视等伐晋，又不利。三十六年，又使伐晋，渡河焚舟，大破晋人，以报殽之役。君子曰："秦缪公之与人周也，卒得孟明之庆。"

苍乐为善　邈畅清修

后汉东平宪王苍，光武子，显宗同母弟也。少好经书，雅有智思，显宗尝问处家何等最乐，苍言："为善最乐。"帝甚爱之。

《晋书》：徐邈，武帝时为中书侍郎。尝诣东府，遇众宾沉湎，引满喧哗。会稽王道子问曰："君时畅否？"邈曰："陋巷书生，唯以书俭清修为畅耳。"道子以邈尚道素，笑而不以为忤也。

郑泉酒船　陈暄糟丘

《吴书》：郑泉，字文渊。博学嗜酒，每曰："愿得美酒满五百斛船，以四时甘脆置两头，反复没饮之，惫即住而啖肴膳。酒有斗升减，随即益之，不亦快乎！"孙权以为郎中。临卒，谓同类曰："必葬我陶家之侧，庶百岁后化成土，幸见取为壶，实获我心矣。"

《南史》：陈暄嗜酒，无节操，与兄子秀书其略曰："吾生平所愿，身没之后，题吾墓云'陈故酒徒陈君之神道'。若斯志意，岂避南征之不复，贾谊之恸哭者哉。速营糟丘，吾将老焉。"仕至散骑常侍。

季珪破鸡　仲文放牛

《南史》：傅琰，字季珪，仕齐，为山阴令。时有二野父争鸡，琰各问何以食，一云粟，一云豆。乃破鸡得粟，罪言豆者。县内称神明，无敢为偷。

隋于仲文，字次武。仕周，为安固太守。有任、杜两家争牛，州郡久不能决。仲文曰："此易解耳。"令二家各驱牛群至，乃放所认者，遂向任氏群中；又阴使人微伤其牛，任氏嗟怨，杜家自若。仲文乃诃诘杜氏，杜氏伏罪。又顾宪之亦然。

佯誉申生　诈爱魏女

《史记》：晋献公私谓骊姬曰："吾欲废太子申生，以姬子奚齐代之。"骊姬泣曰："太子之立，诸侯皆已知之，而数将兵，百姓附之，奈何以贱妾之故废嫡立庶？君必行之，妾自杀也。"骊姬佯誉太子，而阴令人谮恶太子，而欲立其子。后果谮申生以欲弑父，而申生自杀。及献公卒，晋国遂乱。

诈爱魏女事见"魏女掩鼻"第十卷。

澄苏石斌　扁起虢子

晋佛图澄，天竺人，少学道，妙通异术。永嘉四年，来适洛阳，后归石勒。石勒有爱子斌暴死，将殡，勒叹曰：“朕闻虢太子死，扁鹊能生之，今可得效乎？”乃令告澄。澄取杨枝沾水，洒而咒之，就执石斌手曰：“可起矣！”因此遂苏，有顷，平复。自是勒诸子多在澄寺中养之。

《史记》：扁鹊姓秦，名越人，时过虢，值虢太子死。扁鹊曰：“太子死，所谓‘尸蹷’者也。”乃使弟子厉针砥石，以取外三阳五会。有间，太子苏。故天下尽以扁鹊为能生死人。扁鹊曰：“越人非能生死人也，此自当生者，越人能使之起耳。”

元瑜具草　宾王论事

《典略》曰：阮禹字元瑜。魏太祖常使瑀作书与韩遂。时太祖适近出，瑀随后，因于马上具草，书成呈之。太祖拿笔欲有所定，而终不能增损。

唐马周，字宾王，为中书舍人，善敷奏。太宗每曰：“我暂不见周即思之。”岑文本谓所亲曰：“马君论事，会文切理，无一言可损益，听之纚纚，令人忘倦。苏、张、终、贾正应此耳。”

喜蒙能食　恐素不死

《吴志》：吕蒙为孙权将，禽关羽有功。后疾发，权迎置内殿。募封内有能愈疾者，赐千金。又恐劳动，常穿壁瞻之，见少能下食则喜顾左右言笑，不然则咄唶，夜不能寐。后更增笃，权自临视，命道士于星辰下为之请命。年四十二，遂卒于内殿。权哀痛甚，为之降损。

隋杨素，字处道。专以智诈自立，阿谀时主，官至司徒，封楚国公。虽有建立之策及平杨谅功，然特为炀帝猜忌，外示殊礼，内情甚薄。既寝疾，帝每令名医诊候，赐以上药，然问医人，恒恐不死。素又自知名位已极，不肯服药，亦不将慎。语弟约曰：“我岂须更活耶?”

骞辟唐彬　统爱盛暹

晋唐彬，字儒宗。奉使诣相府计事，于时僚佐皆当世英彦，见彬莫不钦悦，称之于文帝，荐为掾属。帝以问参军孔颢，颢忌其能，良久不答。陈骞在坐，敛板而称曰："彬为人，胜骞甚远。"帝笑曰："但如卿，亦未易得，何论于胜。"固辟彬为铠曹属。帝他日谓孔颢曰："近见唐彬，卿受蔽贤之责矣。"

《吴志》：凌统，字公绩，为孙权偏将军。时有荐同郡盛暹于权者，以为梗概大节有过于统。权曰："且令如统足矣。"后召暹夜至，时统已卧，闻之，摄衣出门，执其手以入。其爱善不害如此。

勇惭行本　秀惮元岩

隋刘行本拜太子左庶子，太子勇虚襟钦惮。时唐令则亦为左庶子，太子昵狎之，每令以弦歌教内人。行本责之曰："庶子当匡太子以正道，何有嬖昵房帷之间哉！"令则甚惭而不能改。太子尝欲行本乘马而观之。行本正色曰："至尊置臣于庶子之位者，欲令辅导殿下以正道，非为作弄臣也。"太子惭，止。后卒，上甚伤惜之。及太子废，上曰："嗟乎！刘行本在，勇当不及于此！"时左庶子裴政亦然。太子废，上亦闻有此言。

隋元岩，字君山。文帝子蜀王秀镇益州，年幼稚，选岩为益州总管长史辅之。岩到官，法令明肃，吏民称焉。蜀王惮之，每循法度。岩卒后，王渐以非法得罪，上曰："元岩若在，吾儿岂有是乎！"

伴食怀慎　随驾子潜

唐卢怀慎开元初与姚崇同为相，自以才不及崇，故事皆推而不专，时讥为"伴食宰相"。然清俭不营产业，虽贵，妻子犹寒饥。既寝疾，宋璟，卢从愿候之。临别，执二人手曰："上求治切，然享国久，稍倦于勤，将有憸人乘间而进矣。公第志之！"

唐卢藏用，字子潜。始隐终南、少室二山，累进尚书右丞。始愿山中时，有意当世，人目为"随驾隐士"。司马承祯尝召至阙下，将还山，藏用指终南山曰："此中大有佳处。"答曰："以仆视之，仕宦之捷径耳。"藏用大惭。

盖冰寒水　李青成蓝

唐盖文达博涉前载，尤明《春秋》三家。刺史窦抗集诸生讲论，于是，刘焯、刘轨思、孔颖达并以耆儒开门授业，是日悉至，而文达依经辨举，皆诸儒意所未叩。抗奇之，问："安所从学？"焯曰："若人岐嶷，出自天然，以多问寡，则焯为之师。"抗曰："冰生于水而寒于水，其谓此耶？"太宗时，仕至崇贤馆学士。

李谧事见第十卷"何假百城"注。

珪母具酒　宗亲广被

唐王珪始隐居时，与房玄龄、杜如晦善，母李尝曰："儿必贵，然未知所与游者何如人，试与偕来。"会玄龄等过其家，李窥大惊，敕具酒食，欢竟日，喜曰："二客公辅才，汝贵不疑。"

晋孟宗幼时其母作十二幅被，邻母问其故，

母曰："小儿宗〔无德致客〕，恐朋友不顾，故作其被，广以招贤。"

愔记障面　奉识半视

《北史》：杨愔，字遵彦。聪明强记，半面不忘，每有所召，或单称姓，或单称名，无有误者。后有选人鲁漫汉，自言猥贱，独不见识。愔曰："卿前在元子思坊骑秃尾草驴，经见我不下，以方扇障面，我何不识卿？"漫汉惊服。又调之曰："名以定体，漫汉果自不虚。"仕至特进骠骑大将军。

后汉应奉，字世叔。少聪明，自为儿童及长，凡所经履，莫不暗记。读书五行并下。为郡决曹吏，行部四十二县，录囚徒数百千人。及还，太守备问之，奉口说罪系姓名，坐状轻重，无所遗脱，时人奇之。又年二十时，尝诣彭城相袁贺，贺时出行闭门，造车匠于内开扇出半面视奉，奉即委去。后数十年于路见车匠，识而呼之。

推万落床　曳遐堕地

晋谢万，字万石。尝与蔡系送客于征虏亭，与系争言。系推万落床，冠帽倾脱。万徐拂衣就席，神意自若，坐定，曰："卿几坏我面。"系曰："本不为卿面计。"然俱不以介意，时以此称之。仕至散骑常侍。

晋裴遐善言玄理，音辞清畅。尝在平东将军周馥坐，与人围棋，馥司马行酒，遐未即饮，司马醉怒，因曳遐堕地。遐徐起还坐，颜色不变，复棋如故。其性虚和如此。

胡服暠恩　夷称慈惠

后汉种暠，字景伯。顺帝末为益州刺史。得百姓心，迁汉阳太守，戎夷男女送至界上。辽东乌桓反，复转辽东太守，乌桓望风率服，迎拜于界上。后匈奴寇并、凉二州，桓帝擢为度辽将军。暠到营所，先宣恩信，诱降诸胡，其有不服，然后加讨。羌虏先时有生见获质于郡县者，悉遣还之。由是羌胡、龟兹、莎车、乌孙等皆来顺服。暠乃去熢燧，除候望，边乃晏然无警。仕至司徒。薨，并、凉边人咸为发哀。匈奴闻之，举国伤惜。单于每入朝贺，望见墓坟，辄哭泣祭祀。

《魏志》：仓慈，字孝仁，为敦煌太守。抑挫权右，拊恤贫羸。先是属城狱讼众猥，县不能决，多集治下；慈躬往省阅，料简轻重，自非殊死，但鞭杖遣之，一岁决刑曾不满十人。又常日西域杂胡欲来贡献，而诸家豪族多逆断绝；既与贸迁，欺诈侮易。胡常怨望，慈皆劳之。欲诣洛者，为封过所，欲从郡还者，官为平取，辄以府见物与共交市，使吏民护送道路，由是民称其德惠。数年卒，官吏民悲感。诸胡闻之，发哀，又为立祠。

郑发墨守　秦攻长城

后汉郑玄，字康成。隐修终业，杜门不出。时任城何休好《公羊》学，遂著《公羊墨守》，言《公羊》义理不可驳，难如墨翟之守城也。又著《左氏膏肓》《穀梁废疾》。康成乃发《墨守》，针《膏肓》，起《废疾》。休见而叹曰："康成入吾室，操我矛，以伐我乎！"

《唐书》：秦系，字公绪。与刘长卿善，以诗相赠答。权德舆曰：“长卿自以为五言长城，系用偏师攻之，虽老益壮。”

贯之辞缣　思复封绫

唐韦贯之沉厚寡言，居辅相，严身律下，以正议裁物，室居无所改易。裴均子持万缣请撰先铭，答曰：“吾穷饿死，岂为是哉！”生平未尝通馈遗，故家无羡财。

唐韩思复，字绍出。家素富有，金玉、车马，玩好未尝省。举秀才高第。永淳中，家益窭，岁饥，京兆杜瑾以百绫饷思复，思复方并日食，而绫完封不发。

赤眉异破　黄巾嵩平

后汉冯异，字公孙。攻赤眉贼。旦日，赤眉使万人攻异前部，异裁出兵以救之。贼见势弱，遂悉兵攻异，异乃纵兵大战。日昃，贼气衰，伏兵卒起，衣服相乱，赤眉不复识别，众遂惊溃。追击，大破之。

后汉皇甫嵩，字义真。灵帝时张角贼众，皆着黄巾。所在燔烧官府，劫略聚邑，京师震动。嵩与朱俊讨之。俊前与贼波才战，战败，嵩因进保长社。波才引大众围城，嵩兵少，军中皆恐，乃召军吏谓曰："兵有奇变，不在众寡。今贼依草结营，易为风火。"其夕大风，嵩乃约敕军士皆束苣乘城，使锐士间出围外，纵火大呼，城上举燎应之，因鼓而奔其阵，贼惊乱奔走。其后遂平黄巾，威震天下。

俛劝偃革　植不知兵

唐萧俛，字思谦。相穆宗。初，两河底定，俛与段文昌当国，谓四方无虞，遂议太平事，以为武不可黩，劝帝偃革尚文，乃密诏天下镇兵，十之，岁限一为逃，谓之销兵。既而籍卒逋亡，无生业，曹聚山林间为盗贼。会朱克融、王廷凑乱燕、赵，一日悉收用之。调兵不充，乃召募市人乌合，战辄北，遂复失河朔矣。

唐崔植，字公修，穆宗时位宰相。时朝廷悉收河朔三镇，而刘緫又以幽、蓟七州献诸朝，且惧部将构乱，乃先籍豪锐不检者送京师，而朱克融在籍中。植与杜元颖不知兵，谓藩镇且平，不复料天下安危事，而克融等羁旅寒踬，愿得官自效，日诉于前，皆抑不与。及遣张弘靖赴镇，纵克融等北还，不数月，克融乱，复失河朔矣。天下尤之，植内惭。赞曰：植辅政，当有为之时，无经国才，纵虎狼，一日而亡地数千里，为天下笑；君臣悖谬其谋，惜哉！

晋卿步县　师范拜令

唐苗晋卿，潞州壶关人。累进吏部侍郎，为太守。尝入计，谒归壶关，望县门辄步，吏谏止，晋卿曰："公门当下，况父母邦乎？"时美其恭。

唐王师范，青州人。父敬武，为平庐节度使。父卒，师范年十六，自称留后。喜儒学，孝谨，于法无所私。以青州父母所籍，每县令至，具威仪入谒，令固辞，师范遣吏挟坐，拜廷中乃出。或谏不可，答曰："吾恭先世，且示子孙不忘本也。"

布囊王孙　俭葬沐并

前汉杨王孙，孝武时人也。学黄老之术，家

累千金，及病且终，先令其子曰："吾欲裸葬，以反吾真。死则为布囊盛尸，入地七尺，既下，从足引脱其囊，以身亲土。"友人祁侯以书止之。王孙曰："吾裸葬，将以矫世也。厚葬无益于死者，或今日入而明日发掘，此与暴骸于中野何异！"

《魏略》：沐并，字德信。魏时为济阴太守，召拜议郎。年六十余，豫作终制，诫其子以俭葬。后病甚，又敕豫掘坎，戒气绝，令二人举尸即坎，绝哭泣之声，止妇女之送，禁吊祭之宾，无设搏治粟米之奠。又戒后亡者不得入藏，不得封植。妻子皆遵之。

士思喻俗　公义疗病

《南史》：顾宪之，字士思，仕齐，为衡阳内史。先是，郡境连岁疾疫，死者大半，棺椁尤贵，悉裹以箦席，弃之路旁。宪之乃分告属县，求其亲党，悉令殡葬，其家人绝灭者，即出公禄使纲纪营护之。又土俗，山人有病辄云先亡为祸，皆开冢剖棺，水洗骨，为除祟。宪之晓喻，为陈生死之别，事不相由，风俗遂改。时刺史王奂初至，唯衡阳独无讼者，乃叹曰："顾衡阳之化至矣，若九郡率然，君将何事。"

隋辛公义，高祖时为岷州刺史。土俗畏病，若一人有疾，即合家避之，父子夫妻不相看养，病者多死。公义乃分遣官人，巡检部内，凡有疾病，皆以床舆来，安置厅事，暑月疫时，病人或至数百，厅廊悉满。公义亲设一榻，独坐其间，终日连夕，对之理事。所得秩俸，尽市药为迎医疗之，躬劝其饮食，于是悉瘥，方召其亲戚喻之曰："死生由命，不关相着，前汝弃之，所以死耳。今我聚病者，坐卧其间，若言相染，那得不死？病儿复瘥，汝等勿复信之。"诸病家子孙惭谢而去。后有遇病者，争就使君，其家无亲属，固留养之。始相慈爱，此风遂革。人呼为慈母。

隐甫不屈　挺之负正

唐崔隐甫，玄宗欲以为相，谓曰："牛仙客可与语，常见否？"对曰："未也。"帝曰："可见之。"隐甫终不诣。他日又问，对如初。帝乃不用。子弟或问其故，答曰："吾不以其人微易之也，其材不逮中人，可与之对耶？"

唐严挺之为尚书左丞，知吏部选。李林甫与张九龄同辅政，九龄欲引挺之以辅政，使往谒林甫，挺之负正，陋其为人，凡三年，非公事不造也，林甫益怨之。

赞曰：严挺之宰相不肯见李林甫，崔隐甫违诏不屈牛仙客，信刚者乎！二人坐是皆不得相，彼亦各申其志也。

卷第十五

讦歊粱稷　陆王镜霜

《南史》：刘讦与族兄歊并履高操，隐居不仕。族祖刘孝标尝曰：“讦超超越俗，如半天朱霞；歊矫矫出尘，如云中白鹤。皆俭岁之粱稷，寒年之纤纩。”

《南史·陆慧晓传》：庐江何嘿尝称“慧晓心如照镜，遇形触物，无不昭然。王思远如怀冰，暑月亦有霜气。”当时以为实录。

张哂米耗　柳笑杯亡

《南史》：张率，字士简，为新安太守。性宽雅，嗜酒，于家务忘怀。在新安遣家僮载米三千石还宅，及至遂耗大半。率问其故，答曰：“雀鼠耗。”率笑而言曰：“壮哉雀鼠。”终不研问。

唐柳公权，字诚悬。善书，凡公卿以书贶

遗，盖巨万，而主藏奴或盗用，尝贮杯盂一笥，縢识如故而器皆亡，奴妄言叵测者，公权笑曰："银杯羽化矣！"不复诘。唯研、笔、图籍，自鐍秘之。

李皋发廪　郑默开仓

唐宗室李皋，字子兰，为温州长史，俄摄州事。州大饥，发官廪数十万石赈饿者，僚吏叩庭请先以闻，皋曰："人日不再食且死，可俟命后发哉？苟杀我而活众，其利大矣！"既贷，乃自劾，优诏许开。

晋郑默，字思元，为东郡太守。值岁荒人饥，默辄开仓赈给，乃舍都亭，自表待罪。朝廷嘉默忧国，褒叹，比之汲黯。

祖言被襆　君游布囊

晋陆纳，字祖言，为吴兴太守。至都，不受俸禄。顷之，召拜尚书，领州大中正。将应召，外白宜装几船？纳曰："私奴装粮食来，无所复须也。"临发，只有被襆而已，其余并封以还官。

后汉张堪，字君游，光武时为蜀郡及渔阳太守。帝尝召见诸郡计吏，问前后守令能否。蜀郡计椽樊显进曰：“渔阳太守张堪昔在蜀，其仁以惠下，威能讨奸。前公孙述破时，珍宝山积，卷握之物，足以富十世，而堪去职之日，乘折辕车，布衣被囊而已。”帝叹息，乃召堪，会病卒。

崔碣发奸　真卿辨狱

唐崔碣，字东标，为河南尹。邑有大贾王可久，转货江、湖间。值庞勋乱，尽亡其资，不得归。妻诣卜者杨乾夫咨存亡。乾夫名善数，而内悦妻色，且利其富。既占，杨惊曰：“乃夫殆不还矣！”乃阴以百金谢媒者，请聘之，妻乃嫁乾夫，遂为富人。他年徐州平，可久困甚，丐衣食归闾里，往见妻。乾夫怒，斥逐之。妻诣吏自言，乾夫厚纳贿，可久反得罪。再诉，复坐诬。可久叹，遂失明。碣之来，可久陈冤，碣得其情，敕吏掩乾夫并前狱吏下狱，悉发赇奸，一日杀之，以妻还可久。时淫潦，狱决而霁，都人相语，歌舞于道。

唐颜真卿，字清臣。为监察御史，使河、陇。时五原有冤狱久不决，天且旱，真卿辨狱而雨，郡人呼“御史雨”。

范贵舟人　庄重申叔

《杂记》：晋卿范献子杀晋大夫栾支后欲出游，惧栾支之子报也，行至津所，问舟人曰：“君见栾支之子乎?”舟人曰：“君还晋，修晋之政令，栾支子其若君何? 君若出入无度，不修国政，我舟中之人与支子无异。”献子遂以田万亩赐舟人，以贵其言。

《史记》：楚庄王以夏征舒杀陈灵公，遂率诸侯伐陈，诛征舒。已破陈，即县之。群臣毕贺，楚大夫申叔独不贺，乃谏曰：“王以征舒为贼弑君，故召诸侯以义伐之，以义伐之而贪其县，则后何以令于天下!”庄王曰：“善!”乃迎灵公太子午立之，是为陈成公。孔子读史至楚复陈，曰：“贤哉! 楚庄王轻千乘之国，而重一言。”

奴爱萧才　都化阳德

唐萧颖士，字茂挺。四岁为文，十岁补太学

生。观书一览即诵。天宝初，补秘书正字。有奴事颖十十年，笞楚严惨，或劝其去，曰：“非不能，爱其才也。”

《唐书·卓行传》：阳城，字元宗，谦恭简素，及进士第，乃去隐中条山。岁饥，屏迹不过邻里，屑榆为粥，讲论不辍。有奴都儿化其德，亦方介自约。或哀其馁，与之食，不纳。后致糠覈数杯，乃受。

火浣魏疑　虾须修服

《搜神记》：昆仑之墟，有炎火之山。山上有鸟兽草木，皆生炎火中。故有火浣布，非此山草木之皮枲，则其鸟兽之毛也。汉西域旧献此布，中间久绝。至魏初时，人疑无之。文帝以为火性酷烈，无含生之气，著之《典论》，明其不然。至齐王景初三年，西域使至，献火浣布，于是毁灭此论。

王隐《交广记》曰：吴后复置广州，以南阳滕修为刺史。或语修，虾须长一丈，修不信，其人后有故至东海，取虾须长四丈四尺，封以示修，修乃服之。

策辨魏鼎　郑悟汉铭

《五代史》：张策，字少逸。少聪明好学，父同，居洛阳，浚井得古鼎，铭曰："魏黄初元年春二月，匠吉千。"同以为奇。策时年十三，曰："汉建安二十五年，曹公薨，改元延康，十月，文帝受禅，又改，黄初元年无二月也。铭何谬耶！"同大惊异之。仕梁，至刑部尚书。

唐郑钦说开元中为右补阙内供奉。通术，博物。初，梁太常任昉大同四年七月于钟山塘中得铭曰："龟言土，蓍言水，甸服黄钟启灵址。瘗在三上庚，堕遇七中巳。六千三百浹辰交，二九重三四百圮。"当时莫能辨者，因藏之，戒诸子曰："世世以铭访通人，有知之者，吾死无恨。"昉五世孙升之，写以授钦说。钦说出使，得之于长乐驿，至敷水三十里而悟曰："卜宅者庾葬之岁月，而先识墓圮之日辰。甸服，五百也，黄钟十一也，由大同四年却求汉建武四年，凡五百一十一年也。葬以三月十日庚寅，三上庚也。圮以七月十二乙巳，七中巳也。浹辰，十二也，建武四年三月至大同四年七月，六千三百一十二月，月一交，故曰六千三百浹辰交。二九十八也。重三，六也。建武四年三月十日，至大同四年七月十二日，十八万六千四百日，故曰二九重三四百圮。”升之大惊，服其智。

赐绢市书　给麻为缗

唐陇西恭王博义，高祖兄蜀王湛之子也。高宗时，累迁礼部尚书，骄侈不循法度。其弟奉慈亦荒纵，皆为帝所鄙。尝曰：“吾仇人有善且用之，况亲戚乎？王等昵小人，专为不轨，先王典坟不学，何以为善哉？”各赐市书绢二百匹，以愧切之，然不自克也。

唐滕王元婴，高祖子也。累州刺史，骄纵失度。高宗常赐诸王彩五百，以元婴及蒋王贪黩，但下书曰：“滕叔，蒋弟不须赐，给麻二车，助为钱缗。”二王大惭。

守素肉谱　刘芳石经

唐李守素为天策府仓曹参军，通姓氏学，世号“肉谱”。虞世南与论人物，始言江左、山东，尚相酬对；至北地，则笑而不答，叹曰：“肉谱定可畏。”许敬宗曰：“仓曹此名，岂雅目邪！宜有以更之。”世南曰：“昔任彦昇通经，时称‘五经笥’，今以仓曹为‘人物志’，可乎？”

《北史》：刘芳，字伯支，特精经义，博闻强记。齐朝王肃来奔，尝言：“古者唯妇人有笄，男子无笄。”芳曰：“俱有。”肃曰：“丧服称男子免而妇人髽；男子冠则妇人笄，如此则男子不应有笄。”芳曰：“此专谓凶事也。《礼》初遭丧，男子免，时则妇人髽；男子冠，时则妇人笄。言俱时变，男子妇人冠笄之不同也。又冠尊，故夺其笄，且互言也。非谓男子无笄。又《礼内则》称：‘子事父母，鸡初鸣，栉纚笄总。’以兹为言，男子有笄明矣。”肃亦以芳言为然，曰：“此非刘石经也！”昔汉世造三字石经于太学，学者文字不正，多往质焉。芳音义明辨，疑者皆往询访，故时号为刘石经。

颜固巴郡　峻守葭萌

《蜀志》：先主入益州，还攻刘璋。张飞、诸葛亮等溯流而上，分定郡县。至江州，破璋将巴郡太守严颜，生获。张飞呵颜曰：“大军至，何不降而敢拒战？”颜曰：“卿等无状，侵夺我州，我州但有断头将军，无有降将军也。”飞怒，令斫头，颜色不变，曰：“斫头便斫头，何为怒耶？”飞壮而释之，引为宾客。

《蜀志》：霍峻，字仲邈，为先主中郎将。先主自葭萌南还袭刘璋，留峻等守葭萌城。张鲁遣将杨帛诱峻，求共守城，峻曰：“小人头可得，城不可得。”帛乃退去。后璋将扶禁、向存等帅万余人由阆水上攻，围峻且一年，不能下。峻城中兵才数百人。伺其怠隙，选精锐出击，大破之，即斩存首。先主嘉其功，以峻为梓潼太守。

韦澳行法　元纮书判

唐韦澳，字子斐，为京兆尹。宣宗舅郑光廷主产吏豪肆，不输官赋，澳逮系之。他日延英，帝问其故，澳具道奸状，且言必置以法。帝曰：“可贷否？”曰：“陛下擢臣尹京邑，安可使画一法，独行于贫下乎？”帝入白太后曰：“是不可犯。”后为输租，乃免。由是豪右敛迹。

唐李元纮，字大纲，为雍州司户。时太平公主势震天下，百司顺望风指，尝与民竞碾硙，元纮还之民。长吏窦怀真大惊，趣改之，元纮大书判后曰：“南山可移，判不可摇也。”

安世隐过　丙吉扬善

前汉张安世，字子孺，为光禄勋。郎有醉小便殿上，主事白行法，安世曰：“何以知其不翻水浆耶？如何以小过成罪！”郎淫官婢，婢兄自言，安世曰：“奴以恚怒，诬污衣冠。”告署谪奴。其隐人过失，皆此类也。

前汉丙吉，字少卿。宣帝时为丞相，于官属掾吏，务掩过扬善。有驭吏嗜酒，尝从吉出，醉呕吐丞相车上。西曹主吏白欲斥之，吉曰：“以醉饱之失去士，使人将复何所容身？此不过污丞相车茵尔。”遂不去。后卒得驭吏力。吉乃叹曰：“士亡不可容，能各有所长也。”

五鹿折角　日用北面

前汉朱云，字游，时少府五鹿充宗贵幸，为《梁丘易》。自宣帝时，善梁丘氏说，元帝好之，欲考其异同，令充宗与诸《易》家论。充宗乘贵辩口，诸儒莫能与抗，皆称疾不敢会。有荐云者，召入，既论难，连拄刺五鹿君，故诸儒语曰："五鹿岳岳，朱云折其角。"由是以云为博士。

唐武甄，字平一，中宗时为考功员外郎。初，崔日用自言明《左氏春秋》诸侯官族，他日，学士大集，日用折平一曰："君文章固耐久，若言经，则败绩矣。"平一乃请所疑。日用曰："鲁三桓，郑七穆。奈何？"答曰："庆父、叔牙、季友，桓三子也。孟孙至彘凡九世也，叔孙舒、季孙肥凡八世。郑穆公十一子，子然及二子孔三族亡，子羽不为卿，故称七穆，子罕、子驷、子良、子国、子游、子印、子丰也。"一坐惊服。平一问日用曰："公言齐桓公、楚庄王时，诸侯属齐若楚凡几？平公、灵王时，诸侯属晋、楚凡几？晋六卿，齐、楚执政几何人？"日用谢曰："吾不知，君能知乎？"平一条举始末，无留语。日用曰："吾请北面。"阖坐大笑。

徐政不辱　陈判无怨

唐徐有功，名弘敏，补蒲州司法参军。为政仁恕，不忍杖罚，民服其恩，更相约曰："犯徐参军杖者，必斥之。"讫代不辱一人。

后汉陈寔，字仲弓，先为太丘长，后归乡

间，平心率物。其有争讼，辄求判正，晓譬曲直，退无怨者。至乃叹曰：“宁为刑罚所加，不为陈君所短。”

荣毗奉法　张陵报恩

隋荣毗，字子谌。开皇中，杨素荐为华州长吏。素田宅多在华阴，左右放纵，毗以法绳之，无所宽贷。后因朝集，素谓之曰：“素之举卿，适以自罚也？”毗曰：“奉法一心者，但恐累公所举。”素笑曰：“前者戏尔，卿奉法，素之望也。”又按晋郤诜、崔洪亦然。

后汉张陵，字处冲，官至尚书。元嘉中，岁首朝贺，大将军梁冀戴剑入省，陵呵叱令出，敕羽林、虎贲夺冀剑。冀跪谢，陵不应，即劾奏冀，请廷尉论罪，而百僚肃然。初，冀弟不疑为河南尹，举陵孝廉。不疑疾陵之奏冀，因曰：“昔举君，适所以自罚也。”陵曰：“明府不以陵不肖，误见擢序，今申公宪，以报私恩。”不疑有愧色。

宋德可仰　真名难闻

晋宋纤，字令艾，敦煌人。少有远操，沉静不与世交，隐居于酒泉终南山。不应州府辟命，太守杨宣画其象于阁上，出入视之，作颂曰："为枕何石？为漱何流？身不可见，名不可求。"酒泉太守马岌，具威仪，鸣铙鼓，造焉。纤高楼重阁，拒而不见。岌叹曰："名可闻而身不可见，德可仰而形不可睹，吾今知先生人中之龙也。"卒后谥玄虚先生。

后汉逸民法真，字高卿。顺帝前后四召之，不就，遂深自隐绝。友人郭正称之曰："法真名可得闻，身难得而见，逃名而名我随，避名而名我追，可谓百世之师矣！"乃共刊石颂之，号玄德先生。

群忧惭长　昶不及孙

后汉陈寔为太丘长，子纪为大鸿胪卿，孙群为魏司空。天下以公惭卿，卿惭长。又《魏书》言寔德冠当时，纪名重于世，而群佐魏有功，时亦称为长者。

晋王承，字安期，昶之孙，湛之子。昶为魏司空，开济识度，湛冲素简淡，器量隤然，有公辅之望。承清虚寡欲，不饰文辞。晋渡江名臣王导、卫玠、周顗、庾亮之徒皆出其下。自昶至承，世有高名，论者以为祖不及孙，孙不如父。

玉在石间　鹤在鸡群

《世说》：王大将军称王夷甫处众人之中，如玉珠在瓦石间。

晋嵇绍，字延祖，魏中散大夫康之子也。山涛荐于武帝，遂召为秘书丞。绍始入洛，或谓王戎曰："昨于稠人中始见嵇绍，昂昂然若野鹤之在鸡群。"戎曰："君复未见其父耳。"

曹仁突围　张辽冲垒

《魏志》：曹仁，字子孝，太祖从弟也。为征南将军，留屯江陵，拒吴将周瑜。瑜将数万众来攻，前锋数千人始至，仁乃募得三百人，遣部曲将牛金逆与挑战。金众少，遂为所围。仁乃披甲上马，将其麾下壮士数十骑直前，冲入贼围，金等乃得解。余众未尽出，仁复直还突之，拔出金兵，亡其数人，贼众乃退。左右叹曰：“将军真天人也!”三军服其勇。

《魏志》：张辽，字文远，为荡寇将军。将士七千余人屯合肥。俄而孙权率十万众围合肥。辽乃夜募敢从之士，得八百余人，椎牛飨将士，明日大战。平旦，辽被甲持戟，先登陷阵，杀数十人，斩将二，大呼自名，冲垒入，至权麾下。权大惊，众不知所为，走登高冢，以长戟自守。见辽所将众少，乃聚围辽数重。辽左右麾围，直前急击，围开，辽将麾下数十人得出，余众号呼曰：“将军弃我乎!”辽复还突围，拔出余众。权人马皆披靡，无敢当者。自旦战至日中，吴人夺气，还修守备，众心乃安。太祖大壮辽，拜征东将军。《傅子》曰：“曹仁之勇，贲、育弗加也，张辽其次焉。”

是仪无过　牛弘尽礼

《吴志》：是仪，字子羽，孙权时为尚书仆射。未尝言人之短。事国数十年，未尝有过。吕壹历白将相大臣，或一人以罪闻者数四，独无以白仪。权叹曰："使人尽如是仪，当安用科法为?"

隋牛弘，字里仁，仕至光禄大夫。荣宠当世，而车服卑俭，事上尽礼，待下以仁。隋室旧臣，始终信任，悔吝不及，唯弘一人而已。

疏献王潡 水饯赵轨

《北史》：齐彭城景思王潡，字子深，神武第五子也。为沧州刺史。为政严察，部内肃然。境内无盗，政化为当时第一。后封彭城王。又召为侍中。有老公数百人，具馔曰："自殿下来五载，人不识吏，吏不欺人。殿下唯饮此乡水，未食百姓食，聊献疏薄。"潡重其意，为食一口。后，年三十二为贼所害。朝野痛惜焉。

隋赵轨，洛阳人。高祖受禅，转齐州别驾。在州四年，有治绩，召入朝。父老相送，挥涕曰："别驾在官，水火不与百姓交，故不敢以壶酒相送。公清若水，请酌一杯水奉饯。"轨受而饮之。史臣曰：赵轨秩满，酌水饯离，清矣。

潜遗青土　攸饮吴水

《类林》：裴潜，字文行，三国魏时人。罢南阳太守，空手而归，叹曰："恨不取少青土，用以封书。"每之官，不将妻子。妻子贫织，藜茈自供。

晋邓攸，字伯道。元帝时为吴郡守，载米之郡，不受奉禄，唯饮吴水而已。晋陆纳亦然。

操之算尽　子季德延

晋王操之与弟献之俱病笃。有术人云："人命应终，而有生人乐代者，则死者可生。"操之曰："吾才位不如弟，请以余年代之。"术者曰："代死者，以己年有余，得以足亡者。今君算亦尽，何代也！"未几，献之卒，操之奔丧不哭，月余亦卒。

《南史》：何胤，字子季，初为中书令，后隐居若邪、秦望山。起学舍，聚生徒。尝有疾，妻江氏梦神告曰："汝夫寿尽，有德可延，尔当代之。”妻觉说焉，俄妻死，子季疾瘳。年八十六。

冯击莎车　傅报楼兰

前汉冯奉世，字子明。宣帝时以卫侯使持节送大宛诸国客。至伊修城，都尉宋将言莎车与旁国共攻杀汉所置莎车王万年，并杀汉使者奚充国。时匈奴又发兵攻车师城，不能下而去。莎车遣使扬言北道诸国已属匈奴，于是攻劫南道，与歃盟畔汉，从鄯善以西皆绝不通。奉世以为不急击之则莎车日强，其势难制，必危西域。遂进击莎车，攻拔其城，莎车王自杀，传首诣长安。诸国悉平，帝闻，欲封奉世。独萧望之以奉世擅矫制违命，即封之，开后奉使者发兵要功，为国家生事。遂止。

前汉傅介子，北地人。先是龟兹、楼兰皆尝杀汉使者，至元凤中，介子以骏马监求使大宛国，因召令责之，既还，奏事讫，谓大将军霍光曰：“楼兰、龟兹数反复而不诛，无所惩艾。愿往刺之，以威示诸国。”光曰：“龟兹道远，且验之于楼兰。”于是介子赍金币，扬言以赐外国为名。楼兰王贪汉物，来见使者。介子与坐饮，陈物示之。饮酒皆醉。介子谓王曰：“天子使我私报王。”王起随介入帐中，屏语，壮士二人从后刺之，立死。其贵人左右皆散走。介子告谕以“王负汉罪，天子遣我来诛王，当更立前太子质在汉者。汉兵方至，毋敢动，动，灭国也！遂持王首还，上下诏嘉之。言其以直报怨，不烦师众，封义阳侯。

刘宽苇杖　伯谦皮鞭

后汉刘宽，字文饶，桓帝时为南阳太守。温仁多恕，虽在仓卒，未尝疾言遽色。常以为“齐之以刑，民免而无耻”。吏人有过，但用蒲鞭罚之，示辱而已，终不加苦。南阳苇杖出《文选》沈休文云。

《北史》：崔伯谦，字士逊。仕齐，为济北太守，恩信大行。县公田多沃壤，伯谦咸易之以给人。又改鞭，用熟皮为之，不忍见血，示耻而已。

拓苌不笑　范粲何言

《北史》：拓跋苌性刚毅，虽有喜庆事，未

尝开口而笑。孝文迁都，苌以代尹留镇，除怀朔镇都大将，因别赐苌酒，虽拜饮而颜色不泰。帝曰：“闻公一生不笑，今方隔山，当为朕笑。”终不能得。帝曰：“五行之气，偏有所不入。今六合之间，亦何事不有？”左右见者，无不把腕大笑。

晋范粲，字承明。为太宰中郎。景帝辅政时，称疾，阖门不出。因阳狂不言，寝所乘车，足不履地。子孙常侍左右，至有婚宦大事，辄密咨焉。合者则色不变，不合则眠寝不安，妻子以此知其旨。年八十四卒，不言三十六载，终于所寝之车。

王彤补幯　公孙布被

晋梁孝王彤，字子徽，晋宣帝之子也。尝谓其参军王铨曰：“我在长安，作何等不善！”因指单衣补幯以为清。铨曰：“朝野望公举荐贤才，使不仁者远。而位居公辅，以衣补幯，以此为清，无足称也。”彤有惭色。

前汉公孙弘对策，擢为第一，拜为博士。常称以为人主病不能广大，人臣病不节俭。弘为布被，食不重肉，汲黯庭诘弘曰：“齐人多诈而无情实，弘位三公，然为布被，此诈也。”上问弘，弘曰：“有之。夫以三公为布被，诚饰诈欲以市名。臣闻晏婴相景公，食不重肉，妾不衣丝，齐国亦治。今臣弘为布被，自九卿以下至于小吏无差。”天子以为谦逊，益厚之。

朱不责奴　陆但遣吏

唐朱偓，字龙光。性通简，不矫饰。尝曰：“士苟有行，不必以己长形彼短，己清彰彼浊。”每对客，奴僮相诟，曳仆诸前，不之责，曰：“若持怒心，即自挠矣。”后封乐安县侯。

唐陆象先为刺史，尝有小吏犯罪，但示语而遣之。录事白曰：“此例当合与杖。”象先曰：“人情相去不远，此岂不解吾言？”又曰：“天下本自无事，只是庸人扰之，始为繁耳。但当静之于源，亦何不简。”前后为治，其政如一。

王凤擅权　子威忠义

前汉谷永，字子云。时成帝初即位，委政大将军王凤。永知凤方见柄用，阴欲自托，乃以凤为有申伯之忠，由是擢永为光禄大夫。

前汉王商，字子威，成帝时为丞相。为人多质，有威重，与王凤有隙。又张匡言商残贼不仁。左将军史丹等奏：“商位三公，执左道以乱政，为臣不忠，罔上不道。”帝素重商，勿治。固争之，于是免相三日，病薨。商死后，京兆尹王章讼商忠直无罪，言凤专权蔽主云。《魏志》武帝下令曰：“昔直不疑无兄，世人谓之盗嫂；第五伯鱼三娶孤女，世谓之挝妇翁；王凤专权蔽主，谷永比之申伯；王商忠义，张匡谓之左道：此皆以白为黑，欺天罔君者也。”

砉榱椽材　俭栋梁气

晋褚砉有局量，以干用称。尝为县吏，事有不合，令欲鞭之，砉曰：“物各有所施，榱椽之材不合以为藩落也。”令乃舍之。后，年垂五十，羊祜言于武帝，始被升用，官至安东将军。

《南史》：王俭，字仲宝，愍侯僧绰之子。幼笃学，丹阳尹袁粲见之曰：“宰相之门也。栝柏豫章虽小，已有栋梁气矣，终当任人家国事。”后仕宋，至开府仪同三司，改领中书监察，掌选事。

卷第十六

孟光操作　少君挽提

后汉梁鸿，字伯鸾。同县孟氏有女，肥丑而黑，力举石臼，择对不嫁，年三十，曰：“欲得贤如梁伯鸾者。”鸿闻而聘之。及嫁，乃作隐居之服，更为椎髻，着布衣，操作而前。鸿大喜曰：“此真梁鸿妻也。能奉我也！”乃共入霸陵山中，以耕织为业而隐焉。

后汉鲍宣妻，桓氏之女也。少君嫁时，装遣送资财甚盛。宣不悦，谓妻曰：“少君生富骄，习美饰，而吾实贫贱，不敢当礼。”妻曰：“大人以先生修德守约，故使贱妾侍执巾栉。既奉承君子，唯命是从。”乃悉归侍女服饰，更著短衣裳，与宣共挽鹿车归乡里。拜姑礼毕，提瓮出汲。宣哀帝时官至司隶校尉。子永，鲁郡太守。永子昱问少君：“太夫人宁复识挽鹿车时否？”对曰：“存不忘亡，安不忘危。吾焉敢忘乎！”

吉归男物　崇还泰儿

前汉丙吉，字少卿。陈留老人年八十余，家富无子，有女已适人，其妻死，后又娶妻生子。数年翁死。前妻女欲吝财物，乃诬“后母所生非我父之子”。郡县不能断，闻于台省。吉为廷尉，出决疑狱，曰：“吾闻老人之子不耐寒，日中无影。”遂八月中取同岁小儿，均以单衣，诸小儿不寒，唯老人之子色变。又与诸小儿日中行，唯老人之子无影。遂判财物归男。坐女诬母之罪，事见《类林》。又按《南史》言荆州上津乡人张元始年九十七方生儿，儿遂无影。在第四十二卷中。

《北史》：李崇，字继长，后魏宣武时都督淮南、江西诸军事。先是寿春县人苟泰有子三岁，遇贼亡失，数年不知所在，后见在同县赵奉伯家。泰以状告，各言己子，并有邻证，郡县不能断。崇令二父与儿各在别处，禁经数旬，后告之曰：“君儿遇患，向已暴死，可出奔哀也。”苟泰闻即号咷，奉伯咨嗟而已。崇乃以儿还泰，诘奉伯诈状。

李邕了辨　士正无遗

唐李邕，字太和。少知名，既冠，见特进李峤，自言“读书未遍，愿一见秘书”。峤曰：“秘书万卷，岂时日能习邪?”邕固请，乃假直秘书。未几辞去。峤惊，试问奥篇隐帙，了辨如响，峤叹服。

《北史》：裴诹之，字士正，少好儒学，释褐太学博士。常从景帝借书百卷，十许日便返。景疑其不能读，每卷策问，应答无遗。景叹曰：“应奉五行俱下，祢衡一览便记，今复见之于裴生矣。”

兴不恤讳　雄不问时

后汉赵兴不恤讳忌，每入官舍，辄更缮修馆宇，移穿改筑，故犯妖禁，而家人爵禄，益用丰炽，子孙三叶皆为司隶，时称其盛。

后汉顺帝时，廷尉吴雄起自孤宦，致位司徒。少时家贫，丧母，营人所不封土者，择葬其中，丧事辄办，不问时日，医巫皆言当族灭，而雄不顾。及子䜣、孙恭，三世廷尉，为法名家。

傅縡操心　高获受性

《南史》：傅縡，字宜事，陈后主时为通事舍人，为施文庆等所谮下狱。縡素刚，因愤恚，于狱中上书言后主酒色过度，宦寺弄权，辞多讦直。后主大怒。顷之，谓曰："我欲赦卿，卿能改过否？"对曰："臣心如臣面，面可改，则臣心可改。"后主益怒，赐死于狱中。

后汉高获，字敬公，与光武有素旧。师事欧阳歙。歙下狱，获冠铁冠，带鈇锧，诣阙请歙。帝虽不赦，而引见之。谓曰："敬公，朕欲用子为吏，宜改性。"对曰："臣受性于父母，不可改之于陛下。"出便辞去。三公争辟不应。

鬷蔑言善　子羽名振

《左传》曰：叔向适郑，鬷蔑貌恶，立于堂下，一言而善。叔向闻之曰："必鬷蔑也。"执其手以上，曰："子若无言，吾几失子矣。"

《史记》：澹台灭明，字子羽，状貌甚恶。孔子以为才薄。既而受业，名振诸侯。孔子曰："吾以言取人，失之宰我；以貌取人，失之子羽。"

鲍鱼非礼　邪蒿不正

贾谊《书》曰：周文王使太公望傅太子发。嗜鲍鱼而公弗与，太公曰："礼，鲍鱼不登于俎。岂有非礼而可以养太子哉？"

《北史·儒林传》：邢峙，字士峻。仕齐，为国子助教，以经入授皇太子。峙方正纯厚，有儒者风。厨宰进太子食，菜有邪蒿，峙令去之，曰："此菜有不正之名，非殿下宜食。"文宣闻而嘉之，赐以被褥缣纩，拜国子博士。

解械妊身　宿狱怀孕

《东观记》：鲍昱，字文泉，光武时为泚阳长。泚阳人赵坚杀人系狱，其父母诣昱，自言年七十余，惟一子，适新娶，今系狱当死，长无种类，涕泣求哀。昱怜其言，令将妻入狱，解械止宿，遂妊身有子。

后汉吴祐，字季英，为胶东侯相，有仁政。时安丘男子毋丘长与母俱行市，道遇醉客辱其母，长杀之而亡，安丘追踪于胶东得之。祐问长有妻子乎？曰：“有妻未有子也。”即移安丘送长妻到，解其桎梏，使同宿狱中，妻遂怀孕。至冬尽行刑，长泣谓母曰：“负母应死，当何以报吴君乎?”乃啮指吞之为誓，含血言曰：“妻若生子，名之‘吴生’，言我临死吞指为誓，属儿以报吴君。“因投缳缢而死。

埋牛茂远　瘗鹿裴宽

《南史》：傅昭，字茂远，仕梁，为散骑常侍，性尤笃慎。子妇尝得家饷牛肉以进昭，昭与子曰：“食之则犯法，告之则不可。取而埋之。”其不负暗室如此。又人有暑月荐鱼，昭既不纳，又不欲拒，遂委于门侧。

《唐书》：裴宽为润州参军，时刺史韦诜有女择婿，休日登楼，见人于后圃有所瘗藏者，访诸吏，曰：“参军裴宽居也。”召问之，答曰：“宽义不以苞苴污家，适有人以鹿为饷，致而去，不敢自欺，故瘗之。”诜嗟异，乃引为按察判官，以女妻之。宽后仕至礼部尚书。

子林降彭　黄巾避袁

《后汉书·独行传》：彭修，字子阳，会稽毗陵人。为州从事，时贼张子林等数百人作乱，郡言州，清修守吴令。修与太守俱出讨贼，贼望见车马，竞交射之，飞矢雨集。修障捍太守，而为流矢所中死，太守得全。贼素闻其恩信，即杀弩中修者，余悉皆降散。曰："自为彭君故降，不为太守服也。"

后汉袁闳，字夏甫。延熹末年，党事将作，闳遂散发绝世，欲投迹深林。母老不宜远遁，乃筑土室，四周于庭，不为户，自牖纳饮食而已。潜身十八年，黄巾贼起，攻没郡县，百姓惊散，闳诵经不移。贼相约语不入其间，乡人就闳避难，皆得全免。年五十七，卒于土室。

情好备亮　不负瑾权

《蜀志》：先主与诸葛亮情好日密。关羽、张飞不悦，先主解之曰："孤之有孔明，犹鱼之有水也。愿诸君勿复言。”羽、飞乃止。玄德，先主刘备字也。诸葛亮后谥为武侯。

《吴志》：诸葛瑾，字子瑜，亮兄也。孙权封为宣城侯。或言瑾别遣亲人与刘备相闻，权曰：“孤与子瑜有死生不易之誓，子瑜之不负孤，犹孤之不负子瑜也。”权字仲谋。

苏琼止盗　王涣诛奸

《北史》：苏琼，字珍之，为南清河太守。郡多盗贼，及琼至，奸贼止息。或外境奸非，辄从界中行过者，无不捉获。从此百姓畜牧〔不收〕，云：“但存府君。”其邻郡富家，将财物寄置界内以避盗。冀州绎幕县人成氏大富，为贼攻急，告曰“我物已寄苏公矣”，贼遂去。

《后汉书·循吏传》：王涣，字稚子。初，举茂才，除温令。县多奸猾，积为人患。涣以方略讨击，悉诛之。境内清夷，商人露宿于道。其有放牛者，辄云以属稚子，终无侵犯。在温三年，迁兖州刺史。

杨修俊才 张尚辩捷

后汉杨修，字德祖。好学，有俊才，为丞相曹操主簿。尝出行，筹操有问外事，乃逆为答记，敕守舍儿："若有令出，依次通之。"既而果然。如是者三，操怪其速，使廉察之，知状，于是忌修。且从袁术之甥，虑为患，遂因事杀之。

《吴志》：张尚，孙皓时为侍郎，以言语辩捷见知，擢为侍中、中书令。皓使尚鼓琴，后宴言次，因道"晋平公使师旷作清角，旷言吾君德薄，不足以听之"。皓以为喻己，不悦。又《吴纪》曰：皓尝问："'泛彼柏舟'惟柏中舟乎?"尚曰："诗言'桧楫松舟'，亦松中舟。"又问："鸟大者为鹄，小者为雀乎?"尚曰："大者有秃鹫，小者有鷦鹩。"皓性忌胜己，而尚谈论每出其表，积以致恨。后问："孤饮酒以方谁?"尚曰："陛下有百觚之量。"皓云："尚知孔子之不王，而以孤方之!"因发怒收尚。送建安作船。久之，不就加诛。

借曹厌众　斩奴明法

《曹瞒传》曰：魏太祖尝讨贼，廪谷不足，私谓主者曰："如何?"主者曰："以小斗量之。"太祖曰："善"。后军中言太祖欺众，太祖谓主者曰："特当借君死以厌众，不然事不解。"乃斩之，取首题曰："行小斛，盗官谷，斩之军门。"

唐窦轨以战功迁益州道行台左仆射。既贵，益严酷，尝戒家奴毋出外，忽遣奴取浆公厨，既而悔焉，曰："要当借君头以明法。"命斩奴，奴称冤，监刑者疑不时决，轨并斩之。

徐写甘蕉　虔书柿叶

《南史》：徐伯珍，字文楚。少孤贫，学书无纸，尝以竹箭、箬叶、甘蕉及地上学书。后寻究经史，游学者多依之。太守加礼辟，应召便退。

唐郑虔为广文馆博士。善图山水，好书，常

苦无纸，于是慈恩寺贮柿叶数屋，遂往日取叶隶书，岁久殆遍。尝自写其诗并画以献，开元皇帝大书其尾："郑虔三绝。"

李心剑戟　平腹鳞甲

《北史》：李义深有当世才用，而心险峭，时人语曰："剑戟森森李义深。"后为梁州刺史，好聚敛，被禁止。卒于禁所。

《蜀志》：都护李平，字正方。表后主，说"诸葛亮军伪退，欲以讨贼与战"。遂坐诬罔见废。后诸葛亮与蒋琬、董允书曰："陈孝起前谓吾说正方腹中有鳞甲，乡党以为不可近，吾以为鳞甲者，但不当犯之耳，不图复有苏、张之事出于不意，可使孝起知之。"

文饶下驾　卓茂挽车

后汉刘宽，字文饶。尝行，有人失牛者，乃就宽车中认之。宽无所言，下驾步归。有顷，认者得牛还，叩头谢之。宽曰："物有相类，事容脱误，幸劳见归，何为谢之。"州里服其不校。

后汉卓茂，字子康。前汉末时辟丞相府吏，事孔光。尝出行，有人认其马。茂问曰：“子亡马几何时？”对曰：“月余日。”茂有马数年，心知其谬，默解与之，挽车而去，顾曰：“若非公马，幸至丞相府归我。”他日，马主别得亡者，乃诣府送马，叩头谢之。

管苏犯我　申侯顺吾

《新序》曰：楚恭王有疾，告诸大夫曰：“管苏犯我以义，违我以礼，与处不安，不见不思。然而有得焉。吾死之后，必爵之于朝！申侯伯顺吾所欲，行吾所乐，与处则安，不见则思。然未尝有得焉，必速遣之！”

文德菜茹　季伟草蔬

《南史》：乐颐之，字文德。吏部郎庾杲之尝往候，颐之为设食，唯枯鱼菜菹。杲之曰：“我不能食此。”母闻之，自出常膳鱼羹数种。杲之曰：“卿过于茅季伟，我非郭林宗。”仕至郢州中从事。

后汉茅容，字季伟，陈留人。郭林宗至其家寓宿。旦日，容杀鸡为馔，林宗谓为己设，既而以供其母，自以草蔬与客同饭。林宗起拜之曰："卿贤乎哉！"因劝令学，卒以成德。

献之大字　应用细书

晋王献之，字子敬。工草隶，善丹青。尝书壁为方丈大字，王羲之甚以为能，观者数百人。

江南录史应用善写细字，微如毛发，常于一钱内写佛家心经，及于麻纸上写一经书，又于一粒麻上书"国泰民安"四字，人欲读之，须瞪目良久乃辨。凡书时，于暗室中向阳独开一穴如钱大，因映其明，方能写之。咸平五年，为吉州永新令。后以贪欲受赂败。

偓不草麻　谅固执节

唐韩偓，字致尧。昭帝时为兵部侍郎，进承旨。宰相韦贻范母丧，诏还位，偓不肯草制，学士使马从皓逼偓求草，偓曰："腕可断，麻不可草！"从皓曰："君求死邪？"偓曰："吾职内署，可默默乎?”后姚洎代草麻。自是宦党怒偓颇甚。

《晋书·忠义传》:王谅,字幼成。时新昌太守梁硕专威交土,迎立陶咸为刺史。咸卒,王敦以王机为刺史,硕发兵距机,自领交阯太守,乃迎修湛行州事。永兴三年,王敦以谅为交州刺史,谓谅曰:“修湛、梁硕皆国贼也,卿至,便收斩之。”谅到州,执修湛斩之。阴谋诛硕,使客刺之,弗克,遂率众围谅于龙编。陶侃救之,未至而谅败。硕逼谅夺其节,固执不与,遂断谅右臂。谅正色曰:“死且不畏,臂断何恨!”十余日,愤恚而死。硕据交州,酷虐,终为侃军所灭。

瑀识卧吹　瑜知音阙

唐李瑀,玄宗兄,宪之子也。尝早朝过永兴里,闻笛音,顾左右曰:“是太常工乎?”曰:“然。”它日识之,曰:“何故卧吹?”笛工惊谢。又闻康昆仑奏琵琶,曰:“琵声多,琶声少,是未可弹五十四丝大弦也。”乐家以自下逆鼓曰琵,自上顺鼓曰琶云。

《吴志》:周瑜,字公瑾,为孙权偏将。少

精意于音乐，虽三爵之后，其有阙误，瑜必知之，知之必顾，故时人谣曰：“曲有误，周郎顾。”

赵达精算　孔奕明察

《吴志》：赵达精算术，能计飞蝗，射隐伏，无不中效。尝过知故为之具食。食毕，谓曰：“仓卒乏酒肴，如何?”达因取盘中只箸再三纵横之，乃言：“卿东壁下有美酒一斛，鹿肉三斤，何以辞无?”时坐有他宾，内得主人情，主人惭曰：“以卿善射有无，欲相试耳!”遂出酒酣饮。

晋孔奕为全椒令，明察过人。时有遗其酒者，始提入门，奕遥呵之曰：“人饷吾两罂酒，其一何故非也?”检视之，一罂果是水。或问何以知之，奕曰：“酒重水轻，提酒者手有轻重之异故尔。”在官有惠化而卒。

韩贺争功　浑濬陈伐

隋韩擒虎与贺若弼伐陈，遂平金陵。至京，

弼与擒争功于上前，弼曰：“臣在蒋山死战，破其锐卒，擒其骁将，遂平陈国。韩擒虎略不交阵，岂臣之比！”擒虎曰：“本奉明旨，令臣与弼同时合势，以取伪都。弼乃敢先期，逢贼遂战，致令将士伤死甚多。臣兵不血刃，直取金陵，倾其巢穴。弼至夕方叩北掖门，臣启关纳之。斯乃救罪不暇，安得与臣相比！”高祖曰：“二将俱合上勋。”

晋王浑为安东将军，伐吴多所斩获，吴人大震。既而王濬破石头，降孙皓，威名益振。浑后意甚愧恨，有不平之色，频奏濬罪状，时人讥之。濬亦自以功大，为浑父子所抑，每进见，陈其攻伐之劳，及见枉之状，或不胜忿愤，径出不辞。帝每容恕之。

惠击羊皮　琰鞭团丝

《北史》：李惠为雍州刺史。人有负盐负薪者，同释重担息树荫，二人将行，争一羊皮，各言藉背之物。惠乃令人置羊皮席上，以杖击之，见少盐屑，使争者视之，负薪者伏罪。由是吏人莫敢欺犯。

《南史》：傅琰，字季珪，仕齐，为山阴令。

卖针、卖糖老姥争团丝来诣琰，琰挂团丝于柱鞭之，密视有铁屑，乃罚卖糖者。

堕泪祜庙　下拜骏碑

晋羊祜，字叔子。武帝时都督荆州，出镇南夏，甚得江汉之心。卒后，襄阳百姓于岘山祜平生游憩之所建碑立庙，岁时享祭。望其碑者莫不流涕，杜预因名为堕泪碑。荆州人为祜讳名，屋室皆以门为称，改户曹为辞曹焉。

晋扶风武王骏，字子臧。为镇西大将军，都督雍、凉等州。善抚御，有威恩，徙封扶风王，薨。西土闻其薨，泣者盈路，百姓立碑，长老见碑无不下拜，其遗爱如此。

迪不解义　善不能辞

晋刘柳为左右仆射。时右丞傅迪好广读书，不解其义，柳唯读《老子》而已，迪每轻之。柳曰："卿读书虽多，而无所解，可谓书簏矣。"时人重其言。

唐李善有雅行，淹贯今古，不能缀辞，故人号“书簏”。

刘娶吴女　豹内薄姬

《蜀志》：刘焉为益州牧。有异志，闻善相者吴氏女当大贵。焉遂为子瑁纳之。后瑁死，先主纳吴氏为皇后。此神明不可虚要，天命不可妄冀也。

前汉魏豹畔秦自立为王。魏媪内其女薄姬于魏宫。许负相薄姬当生天子。是时楚汉方相拒，天下未定。豹初为汉击楚，及闻许负言，心喜，因背汉而中立，与楚连和。自谓当得天下。汉使曹参军等虏豹，以其归国为郡，而薄姬归汉王，后生文帝。

疑参杀人　信市有虎

《史记》：甘茂谓秦武王曰：“昔曾参之处费，鲁人有与曾参同姓名者杀人，人告其母曰‘曾参杀人’，其母织自若也。顷，又一人告之，其母尚织自若也。顷，又一人告之，其母投杼下机，逾墙而走。夫以曾参之贤与其母信之也，三人疑之，其母惧焉。今臣贤不若曾参，大王信臣不若其母，疑臣者非特三人，臣恐大王之投杼也。”

《战国策》：庞葱与太子质于邯郸，谓魏王曰：“今一人来言市中有虎，王信之乎？”王曰：“否。”曰：“二人言，王信之乎？”曰：“寡人疑矣。”曰：“三人言，王信之乎？”曰：“寡人信之矣。”庞葱曰：“夫市之无虎明矣，三人言而成虎。今邯郸去魏远于市，议臣者过于三人，愿王察之也！”魏王曰：“寡人知之矣。”及庞葱自邯郸反，谗言果至，遂不得见。

请言农事　不对榷酤

《魏书》：高允为著作郎，太武问“万几何者为先”。时多禁封良田。允因曰：“臣少也贱，所知惟田，请言农事。古人云：方一里则为田三顷七十亩，万里则田三万七千顷（按：此处数字有误）。若勤之，则亩益三斗，不勤，则亩损三斗。〔方万里〕损益之率，为粟二百二十二万斛，况以天下之广乎！”帝善之，除田禁。

《唐书》：裴谞为河东租庸、盐铁使。时关辅旱，谞入计，帝召至便殿，问榷酤之利岁出内几何，谞久不对。帝复问，对曰："臣有所思。"帝曰："何思？"对曰："臣自河东来，涉三百里，农人愁叹谷菽未种。诚谓陛下轸念元元，先访疾苦，而乃责臣以利。故未即对。"上前坐曰："微公言，朕不闻此。"